德国
GERMANY

《中国公民出游宝典》编委会　编著

《中国公民出游宝典》编委会

顾　　　问：刘振堂　刘一斌　杨伟国

编委会主任：高锡瑞

编委会成员（排名按姓氏笔画）：

万经章　王雁芬　卢永华　石　武　刘一斌

刘志杰　刘振堂　许昌财　江承宗　李玉成

吴克明　杨伟国　时延春　胡中乐　赵　强

高锡瑞　黄培昭　甄建国　潘正秀　穆　文

人文地理作者：卢永华

策　　划：赵　强

责任编辑：赵　强

执行编辑：王　娜

地图编辑：黄　波

责任印制：陈　超

图片提供：微图网　全景视觉

　　　　　达志影像　壹图网

总序

　　当今的中国已成为世界上顶级旅游大国之一，迄今我国已批准了140多个国家和地区为中国公民自费出境旅游的目的地，出境旅游的人数急剧上升，2012年全年已超过8300万人次。这就意味着我国的境外游已达到"升级换代"的阶段。至少对那部分有更高要求的游客，必须有新的旅游产品来满足他们新的需求。

　　中国地图出版集团旗下，测绘出版社文化生活出版分社组织编写的《中国公民出游宝典》丛书生逢其时，丛书由"人文地理"、"旅游资讯"、"地图导览"三部分组成，具有权威、代表、专业和针对性四大特点。这恰恰是面向中高档次的出境游客的一套货真价实的高端旅游丛书。

　　一、权威性。参与撰写"人文地理"的作者为我国前驻外使节及其他资深外交官。他们长期从事外事工作，不但熟悉驻在国（地）的地理环境、自然风貌，而且深谙当地的文化习俗、风土人情、历史沿革和特质长项。这些作者多为外交笔会成员，有写旅游丛书的经验，行文严谨、准确、细腻，耐人寻味咀嚼。所以，本丛书提的口号"大使指路，游客追捧，跟着外交官去旅游"是恰如其分的。

　　二、代表性。在世界200多个国家和地区中，精选出十几个国家和地区，其前提是旅游资源十分丰厚。我国开放出国旅游以来，中国游客青睐、向往之地，在人文、地理、自然、物产和良风益俗诸多方面具有独到之处，在地区或世界上颇有知名度，适宜较高品味的旅游享受。

　　三、专业性。由权威的旅游专家提供合理的旅游实用资讯，丛书配有执笔者与相关驻华旅游局提供的旅游目的地最新照片，进而图文并茂，游客可未到先知，扩大了选择的余地。抵达后"按图索骥"，更会加深美好的印象。特别值得一提的是，测绘出版社作为本丛书的策划者还提供了详实的旅游地图，方便游客的出行。

四、针对性。在我国经济与社会发展到当今的水平，中高档的出国旅游者，远不满足于浮光掠影、走马观花式的普通游览，提高知识性、趣味性、舒适性成为中高档游客的普遍诉求。故本丛书刻意着墨于"景点背后的故事"，以作者的感悟归纳与凝练，尽量做到简洁明快，易记好懂，令旅行者阅后犹如观实景，穿越时空的隧道，尽享上品的快意与雅趣。

旅游是一部永远读不完的百科全书。洞悉目的地国或地区的方方面面，本身就是对别人的一种尊重与欣赏。而当地人自然也会通过我们这些来自中国的游客，哪怕只是一颦一笑、举手投足，都可窥见中国人及其国家的品位、风貌和素养。坦言之，出版这套丛书有着双重初衷，既为中高档游客提供更多便利，也为我国游客在国门之外的言行举止称得上"中高档次"而提供帮助。让旅游目的地国在分享"旅游红利"的同时，也通过我们的游客分享我国的成长、进步与文明的果实。

刘振堂*

2013.6

---

*中国资深外交官，中东问题专家，前驻伊朗、黎巴嫩大使。

序

　　1971年，我被分配到中国驻民主德国大使馆工作。先后数任，共达约15年，任职至一等秘书。曾在约十任大使的领导下工作，亲历中国与东德关系的演变、柏林墙倒塌、德国统一，以及中国驻前民主德国使馆撤馆，变为中国驻德国大使馆柏林办事处，就近观察有关国家就德国和柏林问题的商议，中国与联邦德国（西德）的建交谈判，等等。

　　后来，我被派往中国驻奥地利使馆工作，并从2000年至2007年担任中国驻奥地利共和国特命全权大使。

　　德国是我曾经学习工作了近20年的地方，也是我踏上外交征程的起点。那里有我无数难以磨灭的记忆，并与当地人民结下了深厚友谊。我热爱德国，尊敬德意志民族，钦佩他们为人类文明和进步所做出的巨大贡献。德国的山山水水、城镇乡村，如梦如幻，胜似画卷，让人流连忘返。我愿将我对这个神奇国家的印象和感悟，与朋友们分享；愿陪同朋友们徜徉在她的美丽画卷之中，放飞心情，增长见识。

　　在撰写这本书过程中，中国前驻德国大使梅兆荣先生给予了很大帮助和支持，特在此表示感谢。

卢永华

2014.2

目　录
CONTENTS

德国巴伐利亚林德霍夫城堡

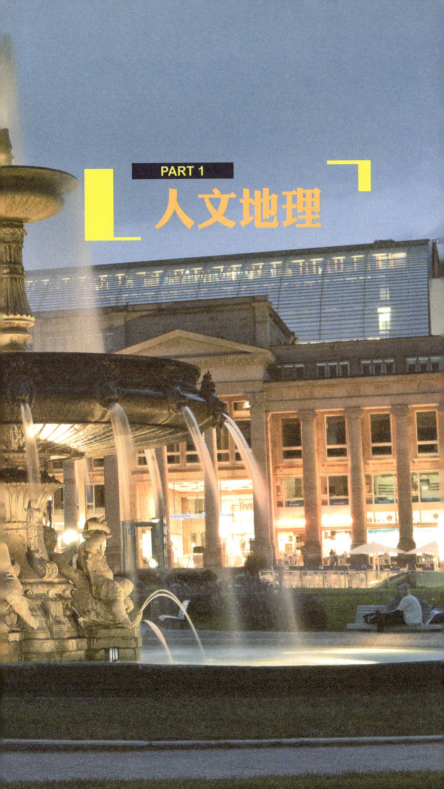

PART 1

人文地理

基本概况

　　德国位于欧洲中西部，东邻波兰、捷克，南接奥地利、瑞士，西接荷兰、比利时、卢森堡、法国，北与丹麦相连，邻北海并和波罗的海与北欧国家隔海相望。德国是欧洲联盟的创始会员国之一，也是联合国、北大西洋公约组织、20国集团、地中海联盟的成员国。德国是欧洲第一大强国、世界第二大商品出口国和第三大商品进口国，同时在医学研究、技术创新等多个领域中处于世界领先地位。1990年10月3日，自冷战以来分裂了41年的德国再次统一。

1. 主要信息速览

（1）国　名

德国，全称德意志联邦共和国。

（2）国　旗

国旗呈横长方形，长与宽之比为
5:3，自上而下由黑、红、黄三色组成，
这种三色旗是在德意志民族反抗拿破仑
侵略的民族战争中出现的，人们将黑、
红、黄誉为自由与统一的标志。

国旗

（3）国　徽

国徽为金黄色的盾徽。盾面上是一头
红爪红嘴、双翼展开的黑鹰，黑鹰象征着
力量和勇气。

国徽

（4）国　歌

《德意志之歌》的第三段。

（5）国　花

矢车菊，又名蓝芙蓉、荔枝菊、翠蓝。有浅蓝、蓝紫、深
蓝、深紫、雪青、淡红、玫瑰红、白等多种颜色。矢车菊是德
国的名花，德国人用它象征日耳曼民族爱国、乐观、顽强、俭
朴等品质，并认为它有吉祥之兆，因而被誉为"国花"。

庆祝葡萄酒节的人

（6）国　鸟

白鹳，一种著名的观赏珍禽。在欧洲，自古以来白鹳就被认为是"带来幸福的鸟"，是吉祥的象征，是上帝派来的"天使"，是专门来拜访交好运的人的。白鹳被选为国鸟后，不少德国家庭特地在烟囱上筑造了平台，供它们造巢用。

（7）国　石

琥珀。

（8）首　都

柏林。

（9）面　积

357 021平方千米。

（10）人　口

约8211万。

（11）区　划

德国分为联邦、州、市镇三级，共有16个州，12 229个市镇。分别是巴登－符腾堡州、拜恩州（巴伐利亚州）、柏林州、

不来梅州、汉堡州、黑森州、下萨克森州、北莱茵－威斯特法伦州、莱茵兰－普法尔茨州、萨尔兰州、石勒苏益格－荷尔斯泰因州、勃兰登堡州、梅克伦堡—前波美拉尼亚州、萨克森州、萨克森－安哈尔特州和图林根州。

（12）国 庆

10月3日，纪念1990年德国重新统一。

2. 自然地理

（1）地 理

德国位于欧洲中部，是欧洲邻国最多的国家。地势北低南高，呈阶梯状分布。

莱茵河

主要河流有莱茵河、易北河、威悉河、奥得河、多瑙河。较大湖泊有博登湖、基姆湖、阿莫尔湖、里次湖。运河众多，河网密布，水运发达。

主要海洋有北海和波罗的海。

（2）气　候

德国西北部为温带海洋性气候，自东部和南部逐渐过渡成温带大陆性气候，气候多变，盛行西风。德国气温适中，气温变化不大，最冷时平均气温在0℃左右，山区约−10℃，阿尔卑斯山区冬季一直到5月，夏季平均气温为20℃左右，最热月份为6月至8月。整体上7月平均气温为14℃～19℃，1月为1℃～−5℃。年降雨量500～1000毫米，山地则更多。

（3）时区

+1时区（与中国时差：夏时−6，冬时−7）

人文地理

发展历史

　　德国形成统一的民族国家，远远晚于英国和法国，经历了一个漫长而曲折的过程。

　　据记载，公元前德国境内就居住着日耳曼人。开始时"德意志"仅表示在法兰克帝国东部地区使用的一种语言，法兰克帝国在卡尔大帝（查理曼大帝）统治下达到鼎盛时期，其中包括很多部族，如日耳曼语族、罗马语族。卡尔大帝死后，公元843年，德意志从法兰克帝国分裂出来，东部帝国的居民逐渐产生休戚相关的感觉。"德意志"这个名称由一种语言名称转为指代讲这种语言的人，最后才用以称谓他们的居住地区。公元911年，法兰克公爵康拉德一世当选东法兰克帝国国王，被视为第一位德意志国王。正式称号从"法兰克国王"到"罗马国王"，11世纪是"罗马帝国"，13世纪为"神圣罗马帝国"，15世纪为"德意志民族神圣罗马帝国"。

　　13世纪中期开始，随着帝国皇权不断衰落，地方势力日益强大，各邦国虽然彼此争斗，但都反对建立一个强有力的王权，从而严重阻碍了德意志民族国家的形成，反而走向了封建割据。与此同时，西欧其他国家也先后走上了民族国家形成的道路。1618—1648年，欧洲30年宗教战争结束后，德意志版图上出现了300多个邦国和1400多个骑士领地，相当于1700多个独立的政权。

1806年拿破仑的军队占领柏林之后，解散了有名无实的"神圣罗马帝国"。1815年欧洲各国联军打败了拿破仑，德意志各邦组成了松散的"德意志联邦"，由38个邦国组成。普鲁士和奥地利是其中两支相互争夺的支配力量，德意志仍然是分裂的。1862年，普鲁士国王任命俾斯麦为宰相。俾斯麦在议会发表演讲称："当代的重大问题不是通过演讲与多数人的决议所能解决，而是要用铁与血。"这使他获得了铁血宰相的名声。他谋求德意志统一的战略是对奥地利进行清算，解散德意志联邦，在普鲁士领导下获得民族统一。普鲁士于1866年的"七星期战争"中击败奥地利，次年建立北德意志联邦。1871年统

腓特烈·威廉四世雕像

一的德意志帝国建立，德意志完成了以普鲁士为主体的统一。该帝国1914年挑起第一次世界大战，1918年因战败而宣告崩溃。1919年2月德意志建立魏玛共和国。1933年希特勒上台实行独裁统治。德国于1939年发动第二次世界大战，给世界人民带来严重灾难。在同盟国军民的顽强打击下，1945年5月8日德国战败投降。

　　战后，根据雅尔塔协定和波茨坦协定，德国分别由美、英、法、苏四国占领，并由四国组成盟国管制委员会接管德国最高权力。柏林市也划分成4个占领区。1948年6月，美、英、法三国占领区合并。翌年5月23日，合并后的西部占领区成立了德意志联邦共和国。同年10月7日，东部的苏占区成立了德意志民主共和国。德国从此正式分裂为两个主权国家。

1989年民主德国局势发生了急剧变化。自当年5月起，大批公民出走联邦德国。10月初，许多城市相继爆发了规模不等的示威游行，要求放宽出国旅行和新闻媒介限制等。10月18日，民主德国最高领导人昂纳克宣布辞职。11月9日，建立于1961年的"柏林墙"开放。11月28日，联邦德国总理科尔提出关于两个德国实现统一的十个计划。

　　1990年2月13至14日，民主德国总理莫德罗首次访问联邦德国。3月18日，民主德国人民议会实行自由选举，东德基民盟领导人德梅齐埃任总理后，两德统一的步伐大大加快。5月18日，两德在波恩签署关于建立货币、经济和社会联盟的国家条约。8月31日，双方又在柏林签署两德统一条约。9月24日，民主德国国家人民军正式退出华约组织。10月3日民主德国正式加入联邦德国。民主德国的宪法、人民议院、政府自动取消，原14个专区为适应联邦德国建制改为5个州，并入了联邦德国，分裂40多年的两个德国重新统一。

 **重要人物**

　（1）康德（1724—1804），伟大的哲学家。主要著作有：《关于自然神学和道德的原则的明确性研究》、《把负数概念引进于哲学中的尝试》、《上帝存在的论证的唯一可能的根源》。所著《视灵者的幻梦》检验了有关精神世界的全部观点。1770年被任命为逻辑和形而上学教授。同年发表《论感觉界和理智界的形式和原则》。从1781年开始，9年内出版了一系列涉及广阔领域的有独创性的伟大著作，短期内带来了一场哲学思想上的革命，如《纯粹理性批判》、《实践理性批判》、《判断力批判》。1793年《在理性范围内的宗教》出版后被指控为滥用哲学，歪曲并蔑视基督教的基本教义，于是政府要求康德不得在讲课和著述中再谈论宗教问题。但1797年国王死后，他又在最后一篇重要论文《学院之争》中重新论及这一问题。《从自然科学最高原理到物理学的过渡》本来可能成为康德哲学的重要补充，但此书未能完成。1804年2月康德病逝。

康德雕像

（2）歌德（1749—1832），诗人、文艺理论家、自然科学家。1765年入莱比锡大学学法律，但更醉心于艺术和自然科学。1770年转入斯特拉斯堡大学，深受卢梭等先进思想影响。次年结束学业，回到故乡当律师，但主要精力却用在文学创作。从1775年开始，他在魏玛公国从政十年，任魏玛公国枢密院顾问，主张改革，但未实现。歌德一生勤勉写作，确立了他作为世界大作家的地位。其作品数量之大达到惊人地步，《歌德全集》最后手定本达

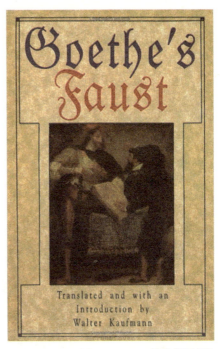

歌德《浮士德》

40册，他逝世后的补充本《歌德遗著》达20册。写有中篇小说《少年维特之烦恼》，代表作诗剧《浮士德》是现实主义和浪漫主义相结合的著作。

（3）黑格尔（1770—1831），哲学家。1788—1793年在图宾根神学院学习，毕业后当过六年家庭教师，后在纽伦堡中学当校长。1816年任海德堡大学哲学教授。1830年任柏林大学校长，1831年死于霍乱。主要著作有：《精神现象学》、《逻辑学》、《哲学全书》、《法哲学原理》》、《哲学史讲演录》、《历史哲学》和《美学》等。

（4）贝多芬（1770—1827），作曲家，钢琴演奏家。自幼随父学钢琴，1787年曾经到维也纳向海顿学习作曲，并结识莫

扎特。1792年定居维也纳，从事教学、演出和创作。贝多芬生活在法国大革命、拿破仑战争和维也纳体系的反动时代，欧洲的民主和民族意识此时正日益兴起。他的作品正反映了这些时代的特征，或歌颂英雄，或反对封建，争取民主自由和美好未来。其主要作品有《第三交响曲》（英雄）、《第五交响曲》（命运）、《第六交响曲》（田园）、《第九交响曲》（合唱），以及《悲怆》奏鸣曲、《月光》奏鸣曲等。

波恩贝多芬纪念碑

（5）马克思（1818—1883），马克思主义创始人，全世界无产阶级的伟大导师，科学共产主义的创始人，伟大的政治家、哲学家、经济学家、革命理论家。主要著作有《资本论》、《共产党宣言》等。他是无产阶级的精神领袖，是近代共产主义运动的弄潮儿。支持他理论的人被视为马克思主义者。马克思最广为人知的哲学理论是他对于人类历史进程中阶级斗争的分析。他认为这几千年来，人类发展史上的最大矛盾与问题就在于不同阶级的利益掠夺与斗争。依据历史唯物论，马克思大胆地假设，资本主义终将被共产主义取代。

（6）恩格斯（1820—1895），马克思主义创始人之一，德国哲学家。恩格斯是马克思的挚友，被誉为"第二提琴手"。他为马克思创立马克思主义提供了大量经济上的支持。马克思逝世后，他又帮助马克思完成了《资本论》等著作，并且领导了国际工人运动。

马克思和恩格斯雕像

（7）奥托·冯·俾斯麦（1815—1898），政治家，普鲁士宰相兼外交大臣，是德国近代史上杰出的政治家和外交家，被称为"铁血首相"。俾斯麦是德国近代史上一位举足轻重的人物。

（8）库尔特·阿尔德（1902—1958），化学家。1927—1928年间，阿尔德和奥托·迪尔斯共同发现迪尔斯－阿尔德反应，于1950年因此获得诺贝尔化学奖。

奥托·冯·俾斯麦

（9）阿道夫·希特勒（1889—1945），纳粹德国的元首，奥地利裔德国政治人物，1921年成为纳粹党党魁，1933年被任命为德国总理，1934年成为德国元首。第二次世界大战期间，他兼任德国武装力量最高统帅。他被公认为是二战的主要发动者。在二战前期，德国及其他轴心国占领了欧洲的大部分、北非、东亚及太平洋诸岛屿。然而1942年之后，盟军开始反攻，德军渐居劣势。1945年德国战败。不仅如此，希特勒本身就是一个充满未解之谜的人物，一个非德国本土出生的人，既没有政治经验，也没有资金和政治背景，可他居然成为了德国元首，并发动了改变世界历史进程的第二次世界大战。

胜利纪念柱

 著名公司

　　提起德国，人们往往会想到"德国制造"，可以说是质优可靠的同义词。"德国制造"有很多优质的品牌，我们耳熟能详的著名公司就有很多。

　　（1）戴姆勒股份公司，1998年由戴姆勒－奔驰公司与美国克莱斯勒汽车公司合并而成，主要生产各种车辆、飞机发动机和内燃机等。

　　（2）西门子股份公司，1847年成立，主要生产经营各类电气设备、电子元件等。

　　（3）大众汽车股份公司，成立于1938年，主要生产销售各式汽车、发动机和有关配件。

（4）巴斯夫集团，又称巴登苯胺苏打公司，1865年建立，主要经营石油、化工产品和药品等。

（5）安联保险集团，成立于1890年，主要提供保险、风险管理咨询及投资理财服务。

（6）阿迪达斯公司，1920年成立，1949年8月18日以Adidas AG名字登记，世界著名的运动用品生产商。

（7）卡斯可厨卫有限公司，顶级厨卫专家，主要提供卫浴、厨房产品服务。

（8）博世集团，1886年成立，世界第二大汽车装备供应商。该公司2011年销售额为3000亿人民币，没有上市。

奔驰博物馆

柏林军械库

民风民俗

　　每个国家的历史、文化背景各异，风俗习惯也各不相同。改革开放以来，我国公民外出工作、旅游、探亲和经商者越来越多，有些人的不良习惯，在国外被视为失态或者无礼，引起误会，甚至造成尴尬和不快。为了避免不必要的麻烦，我们要学会入乡随俗。

1. 社交礼仪

　　德国人对于邀请颇为重视。邀请分为私人和官方两种，大都通过口头或打电话发出，一般包括具体时间、事由和详细地址。官方邀请往往会注明衣着要求。赴约要准时，稍晚一些可以，但不要提前抵达，否则会使主人因尚未准备就绪而感到难堪。结识新朋友时，可以自我介绍，也可以由别人介绍。一般是把身份低、年纪轻的介绍给身份高、年长的；将男性介绍给女性。介绍时，切勿指指点点。被介绍者只需点头致意或上前握手。交谈时不要手舞足蹈，指指点点。三人以上交谈，要照顾大局，不要冷落任何一方。交谈时要专心，不能心不在焉，

社交礼仪

显出不耐烦，更不能假装看手表，伸懒腰，不要轻易打断别人。与女士交谈，不要打听年龄、婚否。告别时，通常是握手或拥抱，若男士亲吻女士手背时，女士不要躲闪。

2. 公共礼仪

举止要大方，不卑不亢。在旅馆或电梯里，要相互打招呼，点头问好。在公共场合，不要大声讲话。外出行走，不要成群结队，勾肩搭背。有的地方专设自行车道，要主动避让。在机场车站，要遵守纪律，依次排队，不要争抢，更不要插队。不要在外人面前抠鼻子挖耳朵，不要随地吐痰。

慕尼黑啤酒节

3. 餐饮礼仪

入座后，找服务员点菜，举手示意即可，不要大呼小叫。进餐时，首先戴好餐巾。桌上的刀叉等餐具，由外向内依次使用。喝汤时不要出声。每道饭菜吃完，刀叉并排放在盘里，暗示服务员可以撤走。若要中途离席，可把刀叉在盘子里摆成八字形，以示自己还会回来。使用牙签时，要以手遮嘴。切不可把卫生纸当面巾或餐巾使用。

啤酒花园餐厅

欧洲人有付小费的习惯。在饭店用餐，一般可按2%的比例付给服务员小费。小费大都在最后结账时支付，服务员给的账单上不包括小费。小额消费时，客人可只将找回来的整钱收起来，零钱当做小费。住旅馆时，每天可将一两个欧元放在房内显眼位置，作为给房间清洁员的小费。

4. 忌讳

忌讳数字13。视13日和星期五为不祥。送花时禁止送菊花、蔷薇等，支数和花朵数不能是13或者双数，鲜花不用纸包扎。礼品包装纸不用黑色、白色和棕色，也不能用这些颜色的彩带包扎。握手时忌讳交叉握手。

在原联邦德国，年龄、职业、婚姻状况、宗教信仰、政治面目甚至个人收入都是隐私，相识或共事多年而不知对方底细是司空见惯的事。另外，别人买到一样东西，即使喜欢，也不要问价格。遇到别人生病，除伤风感冒或外伤等常见的病外，不要问及病因及病情。访友时，不可"突然袭击式"地登门拜访，都要提前约定。

慕尼黑玛利亚广场

德国精神

德国是个美丽的国家，德意志民族是一个伟大的民族，德国人民为人类的文明和进步作出了巨大的贡献。

1. 实干精神

提起德国，人们往往会想到"德国制造"，这是质优可靠的同义词。不仅一般老百姓这样认为，一些中央领导也赞扬德国产品。一次，中国一位总理以西门子公司产品举例，言之经久耐用，近百年而不坏，只可惜价钱高了些。德方则幽默回应：中国谚语云："一分钱一分货。"还有一位领导谈到在唐山地震后，许多采煤机械埋在坑道里被水浸泡，半年后取出来，别国生产的采煤机生锈不能用了，唯有德国制造的采煤机擦拭干净后，通上电又能动了。

据说"德国制造"并非从刚开始就是信得过品牌的标志。大家知道，英国是最早实现工业化的国家，其产品质量曾经领先世界。英国人为此颇感自豪。后来德国产品进入英国市场，英国人担心消费者不能识别德国货，规定德国产品必须标明"德国制造"，以区别于响当当的英国货。英国人想以此表明，"德国制造"是不如"英国制造"的劣质产品。德国人不甘落后，不断努力，改进质量，提高产

法兰克福展览中心的车站

品竞争力。久而久之，"德国制造"便成了高质量产品的标志。实际上，"德国制造"成为优质品牌的代名词，主要建立在三大要素之上。一是德国人有一种长期养成的办事认真、讲究科学、一丝不苟的工作作风。二是德国人有一种追求完美、精益求精、不断创新的精神。三是德国有一套延续百余年的保证工艺高超的职业培训制度。大学里注重独立思考，培养学生的实际操作能力，更重要的是实行一套"双轨制"职业教育，强调理论与实践相结合。学员一半时间学习理论，一半时间到工厂实习。这种双轨制职业培训制度保证了德国拥有大量熟练技术的工人，而这些技工的工艺水平就是德国产品质量的保证。

2. 创新意识

德意志民族是一个富有创新精神的民族。迄今为止的近百名德国诺贝尔奖获得者中，有68名是由于他们在自然科学或医学方面的成就而获奖。1901年，第一个诺贝尔奖颁给了威廉·康

拉德·伦琴，他获得的是物理学奖。罗伯特·考赫、马克斯·普朗克、阿尔伯特·爱因斯坦、维尔纳·海森伯格和奥托·海恩等，这些都是德国诺贝尔奖获得者。

从自行车到MP3，从18世纪到现在，德国的发明家和发明成果一直影响着世界，造福着人类。例如，1796年，德国人塞缪尔·哈内曼提出顺势疗法的基本原则，即以毒攻毒。1817年，卡尔·冯·德莱斯为"自行车原理"作出了特殊贡献，这种两个轮子的代步工具在世界范围内获得了成功。1854年，钟表匠海因里希·格贝尔使竹纤维在一个真空装置中发光时，还根本没有电网。如今德国每年售出约3.5亿个白炽灯泡。1861年，数学教师菲利普·赖斯开启了一个革命性的通信技术时代——电话，他第一个成功地把声音和词汇转化成电流，又在其他地方将它们还原成声音。1876年，卡尔·冯·林德用氨作为制冷剂，获得了第一台电冰箱的专利。1993年，德国公司 Foron 又把第一台无氟"绿色制冷"冰箱推向市场。还是在1876年，作为四

法兰克福书展

法兰克福商品交易会大厦

冲程发动机的发明者，尼古劳斯·奥古斯都·奥托改写了技术的历史，加快了摩托化的发展进程。1885年，卡尔·本茨和戈特利布·戴姆勒发明了汽车，从而使人类移动起来。1891年，奥托·利利恩塔尔成功地滑翔于25米的高度，从而圆了人类飞上天空的梦想。1897年，化学家菲利克斯·霍夫曼成功合成了一种白色粉末草杨酸，即阿司匹林，使之恰如其分地成为一种"神奇药剂"。

1905年，爱因斯坦提出了相对论，从而赋予了时间和空间以新的概念。1930年的圣诞夜，曼弗雷德·冯·阿尔德纳成功地实现了第一次电视转播。汉斯·冯·欧海因在学生时代就在寻找一种新的飞行推进器，他的幻想是这种推力能够提供原动力，1939年他发明了喷气式发动机。1941年，康拉德·祖斯发明了第一台二进制计算机：Z3，它可以在三秒钟内完成四种基本算式，从而开启了新的数码时代。1963年，鲁道夫·黑尔作为传真机先导的发明者，他想到把文字和图片分割成点线，他的黑尔自动记录器首次远距离传送文本和图片。1963年，他发明了首部可以分解彩色图文的扫描仪。1969年，尤尔根·戴特劳夫和赫尔穆特·格略图发明了芯片。他们的这项专利使信息社会的大门敞开，他们的芯片运用于银行卡、电话卡或医疗卡，成为日常生活的组成部分。1904年，达姆施塔特的Merck公司发明了液晶技术。到了1976年，该技术借助于有着更佳光学和化学演示特性的物质而取得突破。1979年，首列磁悬浮列车行驶于汉堡。今天，德国的磁悬浮列车以430千米的时速风驰电掣于上海，往返于机场和城区之间。早在1933年，工程师赫尔曼•凯姆普就想到了磁悬浮列车的天才创意。1986年，德国人盖尔德•宾尼和瑞士人海因里希•罗勒发明了扫描隧道显微镜，并以此获得了诺贝尔物理学奖。这种显微镜使原子这一物质的最小组成部分一览无余。这也是人类进入纳米世界的决定性一步。1994年，奔驰公司倾力开发出世界首台燃料电池汽车。早在1838年，就有人已开发了这种电池的原理。1995年，一个以卡尔海因茨•勃兰登堡为首的弗朗霍夫研究所技术小组研发了音频压缩技术，从而发明了MP3播放器。

2005年，德国众多技术被应用到全世界最大的民用客机——空客A380上，并完成了它的首航。2007年，在发现了巨磁电阻效应的九年后，实现了硬盘革命，德国尤里希研究中心的物理

奔驰博物馆

人文地理

学家彼得·古伦堡与法国人费尔获得了2008年诺贝尔物理学奖。2008年，MPI研究人员施坦方·黑尔发明了受激发射损耗显微镜，从而首次大幅提升了荧光显微术的分辨率，并由此为拥有毫微米刻度等级的光显微术奠定了基石……如此等等，数不胜数。

3. 科教兴国

德国是世界科技强国。德国成为"研究型国家"，与19世纪初普鲁士开始的教育兴国理念有关。1806年拿破仑大军攻入柏林后，普鲁士失去了一半以上的土地和人口，德意志面

临生死存亡的关键时刻。当时，大学教授费希特提倡实行全民教育，甚至主张用强迫人民服兵役的办法来强制推行全民教育。他指出，只要贯彻好全民教育战略，不用很长时间，所有经济领域便可达到空前的繁荣昌盛，国家赢得的利益将超过最初投资的千倍。普鲁士国王威廉三世也声称：这个国家必须以精神力量来弥补躯体的损失。教育大臣洪堡提出以教育统一求政治统一的主张，认为高质量的国民教育是救亡图存、实现统一和国家强大的基础。1825年，普鲁士开始实行强制教育制度，受教育与服兵役一样被视为公民义务。智力成了德意志最大的资本。1870年，打败法国并俘虏了法国国王的德国元帅老毛奇说："普鲁士的胜局是在小学教师的讲台上决定的。"

普鲁士的这种强制教育制度一直延续到今天。如果适龄儿童不去上学，家长要受法律处分。其基本理念基于：一个人的能力大小取决于其受教育程度。一般来讲，受教育程度越高，对社会的贡献就越大。如果受教育程度低，就只能从事简单劳动，对社会的贡献就小，甚至可能成为社会的包袱。因此，每个公民必须接受九年的义务教育。德国儿童通常六岁上学，小学学制四年，之后是三种不同的中学模式：普通中学、实科中学和高级文理中学。德国学校事务由各州主管，但要接受各州文教部长联席会议协调。

波恩大学

目前，德国共有383所高等院校，其中103所综合大学，176所应用科技大学。几乎每个稍大一些的城市都有大学。全国大学生约有200万。另外有近三分之一的中学毕业生选择双轨制职业教育，毕业后成为很多行业的熟练技工。

4. 勇于担当

第二次世界大战虽然已经结束60多年了，但绝大多数德国人，包括战后历届政府和在野政党领导人，均未忘记纳粹德国对欧洲实行野蛮侵略和恐怖统治的岁月，并一直清醒而诚实地看待这段历史。学生教科书上也较全面和客观地反映了由纳粹德国在欧洲发动的这一段侵略战争史。

德国人对过去战争的认罪感是十分虔诚的，前总理勃兰特在华沙向被纳粹屠杀的犹太人纪念碑下跪请罪的镜头，是德国人认真对待历史的真实写照。正因如此，德国取得了大多

数国家和人民的信任，欧洲人民对于德国的统一给予了同情和支持。德国法律规定：不准煽动和挑起民族仇恨；不准宣传和蛊惑人心，并为希特勒和纳粹张目或开脱罪责；不准鼓动和使用暴力为希特勒翻案，公开举出希特勒头像和高举"卐"字旗，均为违法活动。如有本国政客、政府和议会领导人混淆是非，为希特勒罪行辩解和鸣不平，就会受到德国国内外公众舆论的谴责和批评。20世纪80年代末，有一位新上任不久的联邦议会议长耶宁格尔，就因为替希特勒屠杀无辜开脱罪责而遭到强烈谴责，最后被迫承认错误，引咎辞职。后来，有一位德国著名作家因抱怨德国对希特勒罪行讲得太多，而激起很多德国人和犹太人的激烈抨击，最后也不得不承认讲得不妥，请求别人给予谅解。2010年5月31日，德国总统霍斯特·克勒突然宣布辞职，原因是十天前他在阿富汗视察德国军队时发表了不当言论，招致批评。

城市介绍

　　德国是一个历史悠久的国家，这里有广阔的沙滩、迷人的低地、绵延的丘陵和巍峨的阿尔卑斯山脉，也有深厚历史文化积淀的柏林、美因河畔美丽的法兰克福、经济及文化中心的慕尼黑……不妨背起你的行囊，踏上这个让人流连忘返的国度。

柏林大教堂

1. 柏林

　　柏林位于柏林州，是德国的首都。在德文里"柏林"是"小狗熊"的意思，黑熊是该城的城徽。从高空鸟瞰这座城市，绿地和公园遍布市区，施普雷河犹如一条银色的丝带蜿蜒穿过城区，近20个大小湖泊和四条河流由五条运河串通，像一串串珍珠镶嵌在城内和郊区。南郊的大米格尔湖风景迷人。夏天，柏林人常来这里度假。这一切，都为柏林居民的生活和工作提供了良好的自然环境。

　　柏林的景点大多带有不同时期政治风云的痕迹。例如，遭受战争破坏的古老建筑有的是按原样重建的，有的仍保留了断垣残壁，有的则准备重建但尚未动工。又如，二战后外国占领的痕迹依然不少，耸立在东柏林的高大苏军烈士墓和展现在西柏林六月十七日大街的两辆苏军坦克，都明显地提醒人们柏林是苏联红军"解放"的。再如，40年不同社会政治制度留下的

痕迹更多，不仅表现在东西柏林市容和建筑的差异上，更反映在两地居民的心态隔阂上。统一后，德国政府千方百计铲除东德的印记，抹去人们对东德的记忆。例如，东德时期建造的国务委员会、共和国宫、外交部等建筑轰然倒塌。有人说，有形的柏林墙已拆除，但无形的墙依然存在，东西德两部分人心灵上的完全融合需要更长的时间。

尽管如此，随着迁都的实施和被毁古代建筑日益恢复昔日的辉煌，特别是东西柏林交界处荒凉地带即波茨坦广场的重建，过去相互隔绝的东西柏林两部分已由繁华、漂亮、现代的建筑群连成一体，柏林恢复了大都会的气势。它以联邦政府和各种政治决策机构的所在地，十余所著名高校、数百家科研机构、频繁的国际会展活动、大量的文化设施、重建的宫殿建筑以及美丽的自然景色，成为名副其实的德国政治、文化中心和旅游胜地。

柏林夜景

2. 法兰克福

德国有两个城市叫法兰克福。一个在勃兰登堡州东部奥得河畔，与波兰隔江相望；另一个位于黑森州美因河畔，这里介绍的是后者。

法兰克福金融区夜景

美因河畔的法兰克福市是德国乃至欧洲的金融中心。德国联邦银行和欧洲央行以及德国许多大商业银行的总部都设在这里，法兰克福证券交易所是世界主要的证券交易市场之一。金融中心的特点造就了法兰克福市与其他德国大城市不同的景观，市中心摩天大楼林立，类似于美国的曼哈顿。

法兰克福市也是德国最重要的交通枢纽和通往世界的门户。法兰克福机场不仅是德国最大的空港，也是欧洲最大的机场之一。这里通过4000多个航班连接180多个国家和地区。中国人去德国或经德国去非洲或拉丁美洲，通常须先飞抵法兰克福或在此转机。

法兰克福也是闻名遐迩的博览会城市。每年举办50多个博览会，其中书展、国际汽车——小轿车展和春秋两季的国际消费品展的规模最大，吸引世界各地的宾客最多。2009年10月，中国作为主宾国参加了法兰克福书展。

法兰克福也是一座享誉国际的科学文化名城。它拥有众多的博物馆、歌剧院、剧院和名胜古迹，许多新闻出版机构，如具有导向作用的《法兰克福汇报》，以及一些著名研究机构和1914年建立的法兰克福大学都在这里落户。

　　法兰克福市是一座兼收并蓄的现代化大都市，近四分之一的居民是外国人。公元500年前后，这里建起了法兰克福王宫。法兰克福这个名字，第一次出现在历史文献里是公元794年，原意是法兰克福人的河中浅滩。其典故是：法兰克福国王查理大帝受凶猛的撒克逊人追杀，退到美因河畔时突然看到一只仙鹿悠然涉水过河，他便遁径死里逃生。于是，这块福地就得名"法兰克福"。

　　在中世纪，法兰克福是继亚琛之后被指定为德意志神圣罗马帝国皇帝举行加冕典礼的城市，截至帝国解体，先后有十几位皇帝在此加冕登基。1848年资产阶级民主革命风暴中，第一次德意志国民议会在此召开。"二战"期间该市遭严重破坏，战后通过重建旧貌换新颜。

法兰克福罗马广场

法兰克福金融区

3. 慕尼黑

慕尼黑是拜恩州（巴伐利亚州）的首府，南德地区的经济、文化和交通中心，也是国内外游客优先选择的旅游胜地之一。慕尼黑的面积排在柏林、汉堡、科隆、德累斯顿和不来梅之后，居第六位；按人口密度，它在各大城市中位居第一。论自然环境，伊萨河从西南往东北穿过该市，天晴时可以望见白雪皑皑的阿尔卑斯山，给它增添了美的景色。约50个博物馆、40多个各式剧院、三座音乐厅以及十多所高校坐落在市内，使慕尼黑成为世界驰名的文化大都会。世界知名的西门子、宝马汽车和安联保险等大公司的总部就设在这里，这使慕尼黑在经济实力方面具有重要分量。

慕尼黑这个中文名字是从其英文名称翻译过来的，它的德文名字叫"闵兴"，是"小和尚"的意思。据说，公元9世纪这里的一个靠近教堂的小村庄，因僧侣云集而取名"闵兴"。1328年国王路得维希当选德意志帝国皇帝，慕尼黑变成了帝国的首都。1508年又成为巴伐利亚国王统治下的都城。1623年，

慕尼黑风光

畅饮啤酒的人们

马克西米亚安一世使慕尼黑变成捍卫天主教的堡垒，并大兴土木扩建这个都城，完成了路得维希大街、国王广场和两个绘画陈列馆等重要工程，使慕尼黑成为欧洲著名的艺术城市和德国人文科学中心。

近代，慕尼黑在德国和欧洲的历史上扮演着重要角色。第一次世界大战结束后，纳粹党徒利用失业和贫困的局面收买人心。1923年其党魁希特勒发动慕尼黑政变失败而锒铛入狱，但十年后他终于篡夺政权上台。慕尼黑在二战历史上一直扮演纳粹大本营角色。1938年签署的《慕尼黑协定》纵容了希特勒的侵略扩张，使纳粹德国得以吞并捷克苏台德区。战后，满目疮痍的慕尼黑在20世纪五六十年代得以重建并发展成为百万人口的大都市。浓重的文化氛围和新兴的清洁工业设施使它成为德国人向往的宜居城市。1972年和1974年，第20届奥运会和第10届世界足球锦标赛在这里举行。现在，慕尼黑每年举办20多个大型专业博览会，吸引世界各地的商家和科技人员前来洽谈或交流。一年一度的狂欢节和啤酒节使该市的旅游业达到一个高峰。

4. 德累斯顿

德累斯顿是德国统一后新建的萨克森自由州首府，位于易北河上游谷地，拥有丰富的艺术品收藏和众多装饰华丽的巴洛克式建筑，素有"易北河畔的佛罗伦萨"之美称。虽然它也是德国东部地区重要的工业和科研中心，但其作为文化中心和旅游胜地的名声更加显赫。该市最出名的旅游景点是茨温格宫、森佩歌剧院、圣母教堂、绿色圆顶珍宝馆和古代大师绘画馆，每年吸引二百多万游客前来观光。德累斯顿周边地区的众多古迹以及具有"萨克森小瑞士"美誉的易北河畔砂岩景观，也同样诱人。

德累斯顿的历史可

德累斯顿圣母教堂

以追溯到1000年前的定居点，但见诸文字的建城年代则为1206年。1485年韦丁家族分裂后，德累斯顿成为阿尔贝廷支系的领地和府邸，中世纪时一度成为要塞，1547年升格为选帝侯国首府。17世纪末，在奥古斯特大帝和奥古斯特二世统治下，该城经历长达九十年的繁荣期，变成了一座巴洛克式建筑艺术都城和德国最美丽的城市。1705年，这里成立了培养画家的艺术高等学校，雕塑家里切尔、建筑师森佩和画家科科施卡先后在此任教。19世纪，德累斯顿发展成为欧洲著名的文化中心和德国浪漫主义中心，也成了工业城市和经济中心。1839年建设了通往莱比锡的第一条德国长途铁路。1918年末萨克森国王退位后，1920年该市成为萨克森自由州首府。民主德国时期，该市是德累斯顿专区的首府。

　　"二战"期间德累斯顿

作为没有军事设施的文化城市，曾是大量难民逃亡的目的地。但在1945年2月13日夜里，英、美空军对该座城市进行了地毯式轰炸，不仅把建筑艺术荟萃的老城彻底摧毁，而且造成4.5万人丧生。"二战"后民主德国当局修复了一些古迹，德国统一后，继续进行重建工作，到2006年圣母教堂修复完工，也只是暂时告一段落，因为要恢复"萨克森明珠"的旧貌还需要做很多事情。实际上，战后产生的许多实用建筑已使该城市的面貌有了很大改变。此外，历史上著名的"二战盟军易北河会师"就发生在德累斯顿的易北河段。

5. 科隆

古城科隆坐落于莱茵河下游，是北莱茵—威斯特法伦州最大的城市和经济、文化中心，在全国大城市中名列第四。这里有众多的画廊和博物馆，享有西欧艺术大都会的美誉。德国最大的两家媒体——西德意志广播电视台和私营广播电视台RTL总部均设在这里。科隆也是重要博览会的所在地，尤以国际食品展览、国际摄影博览和国际家具博览最为知名。科隆的历史可以追溯到公元前38年。古罗马帝国大将阿格里帕挥师挺进到此，命令与其结盟的日耳曼部落在莱茵河左岸建营扎寨驻守。数

十年后，阿格里帕的外孙女阿格里皮娜当上了皇后，请皇帝授予其出生地以城市地位，并为之取了一个繁琐的名字。久而久之，人们只记住了该地名的第一部分"科隆尼亚"。科隆的名字即由此而来。

中世纪时，科隆先后成为主教和大主教的天下，被称做"北方的罗马"，共建立了150多座教堂、修道院等宗教设施，而科隆大教堂即是其中最恢宏的教堂之一。位于水陆交通要冲的地位使科隆发展成为汉萨同盟颇有影响力的成员。富有的商人和手工业行会对教会的肆行和权贵的统治越来越不满，进行过多次抗争，终于在1396年赶走了大主教，并从城市贵族手里夺取了市议会的控制权。1475年，科隆获得帝国自由城市的地位。

科隆风光

科隆教堂

科隆大教堂

　　1794年科隆被法军攻占，并占领该市达20年。1815年拿破仑被欧洲各国联军打败，科隆划入普鲁士版图。19世纪下半叶，科隆开始了工业化进程。第一次世界大战后，阿登纳当选科隆市长，他推动了城市的发展，重建了科隆大学，建设了内外环绿化带和博览会场馆。二战期间，科隆市中心90%的房屋被夷为平地，然而大教堂却神奇般地逃过了这场劫难。1996年，联合国教科文组织将科隆大教堂列入世界文化遗产名录。

6. 波恩

　　波恩位于北莱茵—威斯特法伦州西南部，风景秀丽的莱茵河中游两岸，离法兰克福机场约170千米，是具有2000多年历史的古城之一。1949年联邦德国成立后，这个只有31万人口、141平方千米的小城被定为临时首都。1990年德国统一后，围绕是否迁都问题，各派力量有过激烈争论。北莱茵—威斯特法伦州和波恩市多数人反对迁都，从经济上考虑，迁都会带来严重的损失。但出于政治上的考虑，1991年，联邦议会还是以多数票决定将柏林定为首都和政府所在地。基于波恩人的强烈要求，迁都柏林后将六个联邦部的主体部分留在波恩办公，并宣布波恩为"联邦市"。为了填补大部分联邦机构迁出后造成的空隙，德国政府谋求一些国际机构设在波恩，目前已有约16个联合国下设机构在此。

波恩大教堂

波恩市原是日耳曼部落的所在地。公元1世纪初，古罗马帝国势力扩张至此，赶走了当地的日耳曼部落，屯兵把守这一依山傍水的战略要地。11世纪波恩获城市地位并繁荣起来，科隆大主教迁至此地落户以及1525年后科隆选帝侯定都于此，是该城发展的重要契机。20世纪，邻近城镇相继并入波恩，使波恩逐步发展成横跨莱茵河两岸的大城市。

在历史的长河中，波恩一直保持着文化古城的地位。著名音乐大师贝多芬1770年诞生于此。波恩也是著名作曲家舒曼的第二故乡。1818年由普鲁士政府建立的波恩大学是德国历史悠久的高等学府之一，马克思、海涅先后在此就读，教皇本笃十六世一度在此任教。波恩市的古建筑鳞次栉比，博物馆林立。

7. 汉堡

汉堡的正式名称叫"自由汉萨市汉堡"，是德国最大的商港和外贸运输中心，北德地区重要的经济和文化中心，德国第二大城市，有"德国通往世界的门户"之称。所谓"汉萨同盟"，乃是德国北部城市之间形成的商业、政治联盟。"汉萨"一词，德义意为"公所"或"公馆"。13世纪逐渐形成，14世纪达到兴盛，加盟城市最多达到160个。1367年成立以吕贝克城为首的领导机构。有汉堡、科隆、不来梅等大城市的富商、贵族参加，拥有武器库和金库。1370年战胜丹麦，订立《施特拉尔松德条约》。同盟垄断波罗的海地区贸易，并在西起伦敦、东至诺夫哥罗德沿海地区建立商站，实力雄厚。15世纪转衰，1669年解体。汉堡港总面积87平方千米，有60个港口码头和310个远洋船泊位。港区内有面积约16平方千米的自由港，货物在这里装卸、转运不用事先办理关税手续，是汉堡港的核心。每年约有1.2万艘海轮进出该港。

汉堡的历史可以追溯到公元8世纪，原是阿尔斯特河畔的一个定居点。1189年巴巴罗萨皇帝授予它帝国自由市地位，享有在易北河下游自由

人文地理

汉堡港

航行的特权。随着经济的迅速发展，不久便成为北欧汉萨同盟的成员。19世纪拿破仑军队践踏该市八年之久。1943年盟军轰炸机群几乎把该市夷为平地。

汉堡以不同历史时代特点的精美建筑物、阿尔斯特湖边的优美景色和购物环境、纵横交错的水道和近3000座桥梁以及圣保利红灯区的霓虹灯和特异气氛而闻名遐迩。这里也是北德的文化娱乐和媒体中心，拥有众多的博物馆、剧院、音乐厅、多所著名高等学府、多家新闻、出版和影视机构。德意志新闻社和德国广播电台联合会总部均设在这里，颇有影响的《明镜》周刊和《时代》周报也在这里出版。

汉堡与中国有着特殊的紧密联系。在1731年，该港迎来了

第一艘来自中国的商船。如今每年约有200多艘中国货轮停靠汉堡港，中国远洋海运公司是汉堡港的最重要客户和外国投资者。中德之间三分之二的商品贸易在这里转运。1986年汉堡市与上海市结成友好城市。数百家中资机构在这里落户。中国在汉堡设有总领馆。汉堡也是华侨华人比较集中的城市。

汉堡的游览景点颇多，如果想对汉堡有个大概了解，最好乘坐双层游览大巴在市内兜一圈，然后从圣保利栈桥或其他某一个码头乘船游汉堡港，从船上远眺停泊在港区的远洋巨轮和岸边的船坞、货栈以及汉堡全景。

汉堡阿尔斯特湖

8. 吕贝克

　　凡是去过汉堡的游客，一般都会去邻近的著名中世纪古城吕贝克观光。吕贝克是与汉堡毗邻的石勒苏益格—荷尔斯泰因州第二大城市，面积仅214平方千米，人口约21万，是一座既保存了大量古迹又有现代化工业和商贸的港湾城市。吕贝克老城在二战中虽曾遭受严重破坏，但战后老城又恢复了13—15世纪鼎盛时期的城市风貌。如今，千余所建筑物成为文物保护对象，1987年联合国教科文组织将整个老城列为世界文化遗产。

　　吕贝克原是斯拉夫人的定居点。12世纪初，荷尔斯泰因伯爵阿道夫二世在这里兴建了城市，很快这里就成为重要的仓储和贸易中心，特别是在与东欧和北欧的贸易中占有重要地位。13世纪该市成为帝国自由市和汉萨同盟的重要成员。14世纪中

叶取得该城市同盟的领导地位，被誉为"汉萨女王"。汉萨同盟于16—17世纪逐渐丧失权势之后，吕贝克的黄金时代也随之成为历史。19世纪，吕贝克的商港地位受到北海—波罗的海运河开通的挑战。20世纪初，易北河至吕贝克运河通航以及工业化的起步使这个古城重获生机。目前，吕贝克力图保持原有优势并发展高科技和旅游业。吕贝克也是一座文学城，这里诞生了多位知名作家，其中最著名的是诺贝尔文学奖得主托马斯·曼及其兄长亨利希·曼。

　　同德国其他城市一样，老城区是最吸引游客的城区。而进出老城区的关口——霍尔斯滕门是吕贝克的地标建筑。它由两座红砖双尖顶塔楼组成，建成于1478年，是德国保存最完好的中世纪后期哥特式城门。它既是城防工事，又是"汉

吕贝克

萨女王"经济实力和自信心的象征。门洞上刻着拉丁铭文"CONCORDIA DOMI FORIS PAX"字样，译成中文就是"内有和谐、外有和平"，表达了人们所追求的理想境界。如今，这扇城门已经成了历史博物馆，不仅展示城市和航海历史还对商人在当地经济、文化、建筑及社会等方面所发挥的作用做了概览。

老城区的另一个景点是建于1230—1571年的砖砌市政厅，它由三个建筑群组合而成，建筑风格也展现了从后期罗马式、哥特式到文艺复兴式的过渡。市政厅左右两部分均有利用小尖塔高耸而镂空的护墙。作为德国最美和最古老的市政厅之一，它曾是波罗的海沿岸其他汉萨城市市政厅效仿的样板。在其前厅里悬挂着描绘建城初期情景的绘画，多个装饰考究的厅堂中尤以洛可可式风格的迎宾大厅最为富丽堂皇。如今市议会和市长仍在这个古建筑里议事和办公。

在市政厅附近的圣玛利亚教堂巍然而立。它是依照哥特式风格用红砖砌成的。红砖教堂当时是汉萨同盟都城强大和富足的象征。近40米高的中堂和125米高的双尖塔教堂在二战中虽遭到重创，但不幸中之大幸是人们因此而发现并恢复了中世纪的珍贵壁画。教堂里保存着许多中世纪的文物，如青铜洗礼盆、圣母塑像、青铜神龛和圣母祭坛等。

从圣玛丽亚教堂再往北走，就是一座被称为"布登勃洛克之家"的小楼。这座小楼通过托马斯·曼的著名小说《布登勃洛克一家》而闻名世界。该小说描写了吕贝克富商约翰·布登勃洛克家族的兴衰史，托马斯·曼因此书而获得1929年度诺贝尔文学奖。这座房屋原是曼氏家族的住宅，也是小说故事的发生地。后来经过多次易手，1991年为市政府购得并建立了"亨利希和托马斯·曼中心"。屋内两个陈列室分别介绍了两位作家的家族史和《布登勃洛克一家》这部小说。

吕贝克老城区的北大门是一扇砖砌的"城堡门"，建于13

世纪，至今仍保存完好。这座建筑15世纪时加高到六层，17世纪时巴洛克式圆顶取代了原先的哥特式尖顶。轻盈的门楼和厚重的霍尔斯滕门表现了中世纪高超而又多样化的建筑技艺。城门两侧仍可看到一段1300多年前修建的城墙。它旁边的同期建筑——城堡修道院是北德地区保存最好的修道院，现在用做"文化论坛"。游人在这里可以参观旧修道院的珍贵壁画和19世纪末用做陪审法庭和拘留所时的情景。

9. 特里尔

特里尔位于莱茵兰—普法尔茨州境内、摩泽尔河畔，是德国最古老的城市，素有"第二个罗马"之名。1972年中国和西德建交以后，在相当长的一段时间里，特里尔也被称为是中国人朝圣的"麦加"，因为访问西德的中国代表团一般都要去该市瞻仰马克思的故居。

特里尔至今已有约2000多年的历史，2004年该市迎来建城2020年之际，曾在原牲畜集市广场上铺设了一块铜牌以示纪念。除了马克思故居之外，该市随处可见罗马帝国时代留下的

特里尔黑城门

印迹，以至于房屋翻建成了令人头痛的难题，因为挖地三尺就可能碰到古代的残垣断壁，这时工程就得因让位于考古发掘而暂停。摩泽尔河两岸从罗马时代起就种植葡萄，因而这里也是摩泽尔葡萄酒的重要贸易中心，摩泽尔葡萄酒是德国众多葡萄酒中的一个著名品牌，味道很适合中国人的口味。

特里尔城是公元前16年古罗马帝国的疆域扩展到摩泽尔河流域时建立的。公元3—4世纪时，该城具有西罗马帝国省城和帝国陪都的地位。公元5世纪，该城被日耳曼人摧毁。14世纪，特里尔大主教获得选帝侯地位，这个古城再度繁荣起来。正是这个原因，使得特里尔至今仍保留着丰富的文化遗产，主要是古罗马时代的遗迹。1986年，该市的古罗马遗迹、大教堂和圣母教堂一并被列入世界文化遗产名录。

特里尔城大多数名胜古迹分布在老城里1.2平方千米的范围内。使特里尔驰名于世界的重要历史人物有三位：一位是西罗马皇帝奥古斯图斯，他下令修建了特里尔城；第二位是康斯坦丁大帝，他在公元306—316年曾以此地为都城治理帝国政务；第三位就是世人皆知的改变了世界面貌的伟大思想家和哲学家马克思。2004年，特里尔人把马克思推举为该市最伟大的人，而前两位庞大帝国的皇帝屈居其后。

10. 不来梅

不来梅市的全称是"自由汉萨市不来梅"，坐落在德国北部威悉河下游西岸，是德国著名的古城之一，与相距60千米

的不来梅港组成不来梅州，是德国最小的州。不来梅港是德国第二大港，以集装箱码头著称，也是德国对外贸易的重要中转枢纽。

公元1—8世纪，不来梅还是威悉河畔的一个居民定居点。公元787年，查理大帝钦定该城为主教区首邑，公元845年升格为大主教管区。不来梅的商贸比较发达，1358年加入汉萨同盟。1646年被正式授予帝国自由市地位。19世纪是该城的鼎盛时期，不来梅港开辟了通往美洲的邮轮航线，大批欧洲移民经由此地搭船前往新大陆。同时，该港获准开发建设，疏浚威悉河，使海船得以驶入停泊。二战中，不来梅市半数房屋建筑和绝大部分港口设施毁于大火。战后经重建，老城区基本保持战前原貌。不来梅港也是德国半数捕鱼船队的基地。这里有德国航海博物馆、德国海外移民博物馆、不来梅港历史博物馆和海边动物园。

主要名胜

　　德国是一个古堡环绕、拥有绝美湖光山色的国家。在这里你可以在阳光海滩中悠闲漫步，可以在童话小镇上感受浪漫气息，可以乘上热气球从另一个角度感知这个国度，也可以享受一次罗马大帝的全套温泉浴，享用美味的黑森林蛋糕。不管选择何种方式，你都能尽情地享受德国旅游的快乐。

新天鹅堡

1. 莱茵河

　　莱茵河发源于瑞士的阿尔卑斯山，是一条著名的国际河流，也是世界上航运最繁忙的河流之一。它通过一系列运河与其他大河相连，构成了一个四通八达的水运网。河上的船只往来频繁，犹如大街上的车水马龙。乘船沿莱茵河而下，从科隆到美茵茨河段是莱茵河景色最美的部分。这里河道蜿蜒曲折，碧绿的葡萄园有序地排列在两岸，古老的城镇、古堡、宫殿遗址点缀在青山绿水之间，让人目不暇接。美丽的风景总能让人产生无限遐想，一个个古老的传说不时把人们的思绪引入遥远的历史中，并深深陶醉在这多姿多彩的莱茵河美景之中，让人流连忘返。

莱茵河

新天鹅堡

2. 新天鹅堡

新天鹅堡全称为"新天鹅石堡宫"，位于巴伐利亚的边陲小镇菲森附近。它依山傍水，傲然矗立在云雾缭绕之中，被称为"全世界最美丽的城堡"。城堡用石头砌成，与周围旖旎的风光融为一体，处处传递着中世纪的气息，

贴士

新天鹅堡提供德语和英语导游解说，如果对这两种语言不熟悉，可以租一台电子解说器。电子解说器提供中文、法语、俄语等语种服务。参观新天鹅堡之后，人们还可以在斯坦贝格湖畔新建的剧院观看《路得维希二世》音乐剧。

从不同角度观看，都能捕捉到不同的面容。堡内装饰富丽堂皇，到处都可以看到天鹅的装饰，且收藏的珍品颇多。城堡山上有座横跨山谷的玛丽之桥，这座桥是眺望整座城堡的最佳地点。

3. 基姆湖

基姆湖位于阿尔卑斯山麓，是德国的第三大湖，有"巴伐利亚的海洋"之称。这个湖约形成于一万年前，因路德维希二世国王在这里建造新王宫而闻名。湖上有"女士岛"、"男士岛"和克劳特岛三座岛屿，其中最大的一座叫"男士岛"，最小的克劳特岛无人居住。"女士岛"上可以看到一座历史悠久的尼姑庵，还有一些古建筑；"男士岛"上有两座宫殿，一座是由修道院改建成的旧宫，另一座是路德维希二世国王建造的新王宫，这是游人最钟爱的目标。

新王宫规模宏伟，参照凡尔赛宫建造，在某些方面甚至超过了凡尔赛宫。宫内有一个圆形浴池，如同一个室内游泳池。宫内的陈设和布置，多处都可以反映出国王的权力和财富。为建造这个豪华奢侈的宫殿，路德维希二世于1873年买下了"男士岛"。大量建筑材料须从外地运到岛上，大大增加了费用。由于资金不足，这个新王宫的建造计划像新天鹅堡宫一样，未能全部完成，路德维希二世带着遗憾去世了。

基姆湖女人岛

赫尔伦基姆泽宫

4. 希特勒的"鹰巢"

位于巴伐利亚的奥

希特勒的"鹰巢"

贝萨尔茨山，以作为希特勒的"鹰巢"而闻名。"鹰巢"是奥贝萨尔茨山顶的一座别墅，这个建筑是纳粹党送给希特勒50周岁生日的礼物。"鹰巢"外表朴素，内部陈设华丽贵重。马掌形聚会大厅是"鹰巢"最华丽的房间，大厅里有一个大理石壁炉，从大厅透过窗户向外眺望，可以欣赏到群山的雄壮景色，天晴时还可以眺望奥地利的美丽风光。走出别墅，不远处有一个位居最高处的十字架，从这里眺望四周，景象雄伟壮观，令人感慨万千。

贴士

从鹰巢山脚下出发，乘坐旅游专线约半个小时在山腰间一个宽阔的平台下车，后跟随导游从一条长达127米的隧道走过，进入鹰巢山中心一个漂亮的园厅，再进入旁边金碧辉煌并有绿色皮座椅的电梯徐徐上升，直接进入海拔1834米的鹰巢内部。

5. 德国屋脊

楚格峰是德国境内的最高峰，被称为"德国屋脊"。它位于德国和奥地利边境，离慕尼黑约118千米，是阿尔卑斯山北麓韦特施泰因山脉的组成部分。楚格峰上有气象观测站、供艺术家展览作品的展厅、为游人提供方便的饭店和小旅店、供人们寄托灵魂的小教堂以及出售纪念品的小卖部，最引人注目的是一个镀金的铁十字架。站在楚格峰上，可以观赏巍峨壮观的阿尔卑斯山群峰。

贴士

齿轨小火车、冰河缆车、埃布湖登山缆车一票通用，单程票价24.5欧元/人，往返43欧元/人；15人以上的团体，单程20.5欧元/人，往返36欧元/人。

6. 黑森林风景区

黑森林位于德国西南部巴符州山区，是多瑙河和内卡河的发源地，总面积达数万平方千米。黑森林风景区山脉与河谷相间，独特的人文景观、优良的度假服务设施以及闻名的烹饪技艺，让这里成为诱人的旅游度假胜地。进入黑森林风景区，如同进入童话世界一般，掩映在丛林中的古城、精致的木结构房屋、清澈见底的潺潺溪流、碧绿的牧场和悠闲吃草的牛羊，还有穿戴富有特色的当地居民，各种各样展示当地的工业传统或风土人情的博物馆，都特别吸引眼球。此外，在这里还可以泡温泉、滑雪，非常惬意。

德国楚格峰

德国黑森林风景区沃尔法小镇

PART 2

旅游资讯
地图导览

实用信息

1. 语言

标准德语在德国境内通用，但是在德国还有多种方言。德国的大部分居民都会讲英语，因此外国游客不存在语言障碍问题。

2. 货币

在德国通用的货币是欧元，只有少数大商店才会接受美元。兑换货币需要去银行。

欧元

3. 电源

电压为220V，插头为圆头双孔式，游客须准备变换插头。

4. 电话

走在德国的大街上，经常可以看到写着"TELEFON CAFE"的小店，这些其实就是德国的"电话吧"，主要为外国人提供服务。可以在柜台买张IP卡，还可以向店员咨询打电话到中国最便宜的卡。如果情况比较紧急，可在街边的公用电话亭打电话。德国的公用电话亭随处可见，最方便的是使用德国电信局（Deutsche Telekom）桃红色的公用电话亭。

从中国打电话到德国：00+49（德国国家代码）+区号(去掉区号前面的0)+电话号码。从德国打电话到中国：00+86（中国国家代码）+区号（去掉区号前面的0)+电话号码。

电话

5. 网络

在德国上网比较方便，尤其是在一些大城市，打网络电话或收寄网络邮件非常容易。出了大城市，无线上网并不方便，但在大型公共场所、部分酒店等都设有免费的无线网络。如果天气太冷，还可到市内的咖啡厅坐坐，用自带的笔记本上网。如果不知道哪里可以提供免费上网，可以向所在市的旅游中心咨询。

6. 银行

银行的营业时间是星期一至星期五8：30—13：00，14：00—16：00（周六、周日以及法定节假日银行不营业），机场和火车站的旅行银行全天营业。

7. 邮政

邮电局的一般营业时间为周一至周五8：00—12：00，大城市的车站邮局24小时营业。邮票除了在邮局外还可以在Tabak和Kiosk购买。信函可投入黄色信箱。航空信上要注明Luftpost，快信上要注明Eilpost。

8. 通讯

中国移动和联通GSM已开通德国国际漫游，从德国向中国大陆打电话，移动用户需要加拨0086或者86，GSM需要加拨86。这些收费都比较昂贵；也有比较便宜的，例如在邮政总局或观光景点处会设有直接用信用卡付费的电话亭。

9. 抽烟

大部分公共场合都有专门的抽烟区，所以不要在禁止吸烟区吸烟。另外德国香烟实行统一价格，同样支数的价格相同。不论什么牌子，除了免税商店都价格相同。

10. 卫生间

在德国很少会有专用的卫生间，高速公路加油站的卫生间通常是要付费的，餐馆、饭店的卫生间是可以免费使用的。有的卫生间仅有德文标识，Herrn（H）是男厕所，Dame（D）是女厕所。

11. 紧急电话与服务电话

匪警：110
火警：112

托运行李

 出入境信息

1. 出境须知

出境不需事先申报，原则上仅能携带一件手提行李登机。除缴验护照外，德国对安全检查极为重视，若购有刀、剑等利器或者样品则宜放入大件行李托运，以免受阻。

2. 入境须知

①入境规定

进入德国境内须持有一本有效期至少为四个月的护照。欧盟国家公民只需一份有效的身份证件。

②签证信息

欧盟国家公民无须签证。原则上，所有其他国家的公民均须申请签证。欧盟已取消签证要求的国家除外。如果半年内这些国家的公民在德国的停留时间不超过三个月，则无须申请签证。

③关税

对于从欧盟国家带入的物品，只要是随身携带且为个人使用品，则实行免税政策。

对于从非欧盟国家带入德国的物品，只要价值不超过175欧元，则免关税。但烟草、酒精和香水等特定物品受限。年满17岁方可携带

旅游资讯 地图导览

免税烟草及酒精饮品入境，携带咖啡须年满15岁。

④气候

德国处于温湿的西风带，温度大起大落的情况较为罕见，降雨几乎贯穿全年。总体来说，德国气候平稳温和，冬季温暖（−6℃～2℃）夏季较为凉爽（18℃～20℃）。

⑤宗教信仰

德国约三分之二人口信仰基督教。其中，新教徒和天主教徒人数相当，德国北部多为新教徒，而天主教徒主要分布在南方。除此之外，德国还居住着约四百万穆斯林和大约十万名犹太教徒。

⑥疫苗接种

未规定进入德国境内必须要接种的疫苗。但春、夏、秋三季是莱姆病和脑膜炎的多发季节，患病几率较高。这两种疾病都是通过蜱虫叮咬传播感染的。

蜱虫主要生活在地表植被中，最佳防护措施是穿戴尽可能多遮盖肌肤的衣物。如果不慎被虫叮咬，应向医生求助。

风险较高的地区主要分布在巴登—符腾堡州、拜恩州（巴伐利亚州）、黑森州、莱茵兰—普法尔茨州和图林根州的一些地区。如果要在大自然中作长期停留，建议接种疫苗。

柏林中央车站

 ## 交通

德国拥有十分优越的地理位置，是欧洲东西和南北交通干线的相交区域，有欧洲大陆上的"十字路口"之称。德国是世界上交通十分发达的国家，也是世界上最早拥有高速公路的国家，还是世界上内河航运最发达的国家之一，同时还拥有发达的航空业务。

1. 航空

德国的航空业十分发达，其中汉莎航空公司是德国最大的航空企业，也是世界上重要的航空公司之一。德国的主要机场为法兰克福国际机场、泰格尔机场、柏林舍讷费尔德中心机场、汉堡机场、科隆-波恩机场、莱比锡/哈雷机场等。

中国的北京、上海、香港都有直飞法兰克福、慕尼黑的航线。还可从新加坡、曼谷等地转机前往。

2. 铁路

德国的铁路网覆盖全国，在大城市间有高速列车Inter City Express（简称ICE）连接，小城镇与附近的大城市还有短途区间火车连接。德国的火车以准时、方便、舒适、安全而著称，其中首都柏林为欧洲著名的铁路枢纽。在德国境内乘坐火车，可在德铁网站（www.bahn.de）或火车站的自动售票厅进行查询。

如果从我国乘火车前往柏林，可以先乘火车到俄罗斯莫斯科，再从莫斯科转乘前往柏林或德国其他城市的火车。

3. 公路

德国公路网络发达，乘坐汽车可以前往德国境内和欧洲其他国家

巴士

观光巴士

的众多城市。其中Eurolines（www.eurolines.com）是欧洲最常见的长途汽车公司，线路覆盖德国众多城市。汽车票既可在网上预订，也可在车站或旅行社购买。此外，也可选择Berlin Linien Bus提供的众多德国境内线路及邻国的线路。公路沿路有众多旅店和加油站，日夜为你提供全套服务。

4. 水运

德国是欧洲河流最多的国家之一，水运十分便利，其中莱茵河有欧洲"黄金水道"之称。此外，德国还开凿了著名的基尔运河。德国的河流及运河不仅是客货运输的重要通道，还是重要的旅游线路，站在河岸上经常可以看到乘坐游艇游览观光的游客。

德国的主要港口有汉堡、不来梅港、威廉港、吕贝克和罗斯托克，其中最大的海港是汉堡港。

5. 市内交通

德国各城市的公共交通非常发达，特别是在一些主要城市，主要的公共交通工具包括地铁、轻轨、公交车及出租车，可以到达城市的各个角落。

（1）地铁

在德国，地铁是一种十分便捷的交通工具。地铁站没有检票口，买好票后进车厢前需要刷票，打印出乘车日期及时刻。德国各城市的地铁票有不同的规定，很多地方到郊区的票价与在市区搭乘的票价会有所不同。德国市中心的地铁列车运行非常密集，通常四五分钟便有一趟车。

（2）轻轨

德国轻轨的路线及站点比较复杂，可向当地的旅游中心询问或索取路线图。

（3）公交车

德国的公交车往往性能比较好，而且线路密集，因而乘坐起来十分舒适及方便。黄底绿"H"的牌子为公交车的停靠站牌，在等车时，应先看清站牌上的路线、班车到站时刻及其他信息。

（4）出租车

在德国搭乘出租车需到固定的候车处搭乘或电话叫车，不能随意在街上拦车。主要观光和购物景点附近都有出租车的候车处。出租车起步价一般为3.2欧元，前7千米内1.65欧元/千米，之后1.28欧元/千米。如果只需要短途接送，2千米内收取3欧元的统一费用，但只有在路上叫停一辆出租车时才可以，并且必须在上车前付钱。

住宿

德国有各种各样的住宿类型，从豪华的星级酒店到经济型的旅馆和青年旅舍应有尽有，因而在这里选择住宿非常方便。所提供的房间设备比较简单，通常不提供牙膏、牙刷和拖鞋之类的个人用品。在订房前记得询问一下房价中是否包含早餐，较好的酒店为自助早餐，而一般的饭店仅提供面包、奶酪、黄油和咖啡等较简单的食物。德国的大城市每年都会举办各种展览会，展览会期间往往很难找到空房，建议提前预订。

德国北部的度假出租房屋

1. 青年旅舍

　　青年旅舍是德国最便宜的住宿设施，在德国遍地都是，通常被称为"Jugendherberge"或"Jugendgasthaus"。青年旅舍通常每个床位约20欧元，有些地区的青年旅舍会将入住者的年龄限定在26岁以下。德国青年旅社的网址是www.jugendherberge.de/。

2. 度假区旅馆

　　度假区旅馆主要集中在各热门旅游区，每个旅馆的设备与风格都有所不同，拥有数百间房间的大型旅馆，还有提供水疗等相关服务的旅馆，价格淡旺季差异很大，淡季数十欧元，旺季可达数百欧元。

3. 中小型旅馆和家庭旅馆

　　德国有数量众多的中小型旅馆，其设备等级不一，价格在50~80欧元之间。此外，家庭旅馆也是不错的选择，房主一般会为客人准备早餐，你可感受到家庭的温馨氛围，费用约40欧元。

4. 星级酒店

　　德国的星级酒店非常多，有现代化国际豪华酒店，也有口碑极佳的经济型酒店，这些住宿场所的设施较齐全，双人房一般是150欧元以上。

饮食

　　德国每个地区都能魔术般地变出不同的美味佳肴，人们都讲究自己的美食菜谱，每个城市都有各自的美食特色，各种各样的餐馆让人眼花缭乱。不管是在不起眼的小酒馆，还是在高档餐厅，都能尽享美食盛宴。

1. 特色饮食推荐

（1）咖喱香肠

　　咖喱香肠是地道的柏林小吃，在柏林的街上很容易买到。其做法比较简单，将烤热的香肠切成小块，在上面浇上番茄酱、咖喱粉和其他香料混合的酱汁，有时还可以配上薯条和面包。

（2）柏林白啤

　　柏林白啤是一种很特别的啤酒，口味很酸。饮用时可加入水果糖浆以抵消酸味。白啤含少量酒精，色微白，爽口且富有营养。

（3）醋焖牛肉

　　醋焖牛肉是一道德国传统菜肴。选用牛腿或牛肩肉，将牛肉腌制后再煎烤，最后淋上腌料汁。醋焖牛肉入口即化，多汁而不腻，常与土豆丸子一起食用，是道非常不错的德国美食。

（4）猪肘

　　猪肘是一道德国名菜，德国北部和柏林地区常以炖猪肘为主，而

慕尼黑香肠　　　　　　　　烤猪脚

啤酒　　　　　　　　　　　柏林街边小店

香肠

南部则以熏和烤居多。猪肘通常配以土豆泥和德式酸菜，肥而不腻，咸香逼人，配上德国啤酒更有味道。

（5）面包

面包是德国人一日三餐不可缺少的主食，采用精粉或黑麦、燕麦与杂粮等混合面做成。在大街小巷，到处都可以看到角形小面包、"8"字形烘饼和长面包等。

2. 主要城市饮食概况

（1）柏林

柏林是一个多元化的城市，美食也呈现出多样化的特点。这里有世界各地的风味美食餐厅，从快餐店到高雅的美食餐厅，应有尽有。柏林库达姆大街以北的康德大街、施普雷河边的军械库、波茨坦广场的索尼中心和广场周边、十字山区的格曼大街和梅林大坝等都是美食餐馆的集中地。

在柏林，你可以在高级餐馆吃到价格实惠的商务午餐，也可以到大百货商场内的餐厅享受美食，还可以在街边小摊品尝地道的别国小吃。醋焖牛肉、豌豆瓣泥汤、猪肘等都是柏林比较有特色的美食，可以尝试。

（2）法兰克福

法兰克福饮食多样化，餐厅众多，在这里可以品尝地道的法兰克福菜，也可以享用来自世界各地的美食。饕餮胡同聚集了法兰克福最多的餐厅，传统餐馆主要集中在Sachsenhausen，亚洲餐馆集中在

柏林菩提树下大街

火车站Kaiserstrasse附近，特色餐馆集中在市中心，而最具特色的啤酒屋则聚集在萨克森豪森附近。在法兰克福，无论是游客还是商旅人士，都可以找到自己喜欢的餐厅。一般餐馆都不强制收小费，有时凑整付款即可。

（3）慕尼黑

在慕尼黑古代的经济结构中，巴伐利亚特色美食占据着重要的地位，有烧烤得酥脆松软的猪肘子配酸菜、白香肠、煎肉饼和烤肉饼等特色美食。慕尼黑的啤酒在饮料中是绝对的老大，而啤酒园的啤酒味道特棒。此外，慕尼黑人还热衷于闲坐街头。

在慕尼黑还可以尝到德国的传统美食。慕尼黑因啤酒而闻名，市内到处都是啤酒馆。除了啤酒，还有高级的香肠，以及巴伐利亚料理、法国菜、中国菜、日本料理等，应有尽有。

（4）汉堡

汉堡餐馆众多，在这里除了可以吃到当地特色美食，还可以品尝到世界各地风味。如果想吃到精致美味的套餐，可以前往达西街，这里有许多高级餐厅。如果追求经济实惠，鱼市场的餐厅值得考虑。对中式、日式、泰式、越式等各式料理情有独钟的，市中心及圣堡利区不容错过。当然，作为一个海港城市，海鲜是不可忽视的美食。在汉堡旧市区港口附近，可以找到许多传统的汉堡海鲜餐厅以及西班牙与葡萄牙风味的餐厅。如果想念家乡风味，这里还有很多中餐馆，每个菜的价格在10欧元左右。吃惯了餐馆美食，街边美味的小吃也很不错，3~5欧元就可以品尝。

汉堡市政厅

旅游资讯　地图导览

（5）不来梅

不来梅人素有享受美食的传统，因此这里拥有丰富多彩的餐馆可供选择。餐馆主要集中在市政厅附近，以及威悉河和威悉河林荫道施拉赫特两旁。在施拉赫特岸边林立着各种各样的餐馆，让人在尽享美食的同时，还可以看到美丽的风景。

（6）科隆

在科隆，可以品尝到全世界各地的美食。作为一个重要的欧洲商城，丰盛味美的食物在科隆可以说不足为奇。这里拥有众多餐馆、咖啡厅、酿酒厂及酒吧。从市政厅开始，沿着莱茵河一直向北走，能找到许多非常有情调的葡萄酒馆、咖啡屋和酒吧，这些地方都比较适合小憩。如果盛夏前来，还能在莱茵河边上的露天餐馆用餐，美食、美酒、美景，实在惬意。

科隆比较具有代表性的特色菜肴有血肠、德国腌猪骨和土豆泥，当地名吃有娃娃菜炖鸡肉丁、洋葱烤鹅肉、白葡萄酒炖牛尾、奶酪煎蛋鲑鱼以及脆皮面包等。

烤盘

鲑鱼

牛排

（7）莱比锡

莱比锡拥有各种各样的餐馆，奥尔马赫酒馆可以说是莱比锡最著名的餐馆。在老市政厅后面有一个小吃广场，这里美食、小吃云集。而在被本地人称做"德拉勒瓦驰"的酒吧一条街上，从布吕尔开始，沿着弗莱诗尔巷一直延伸到新市政厅，无论是美食餐厅还是时尚酒吧，都应有尽有，让人眼花缭乱。在莱比锡，无论是传统的当地美食餐馆，还是高质量的美食家餐厅，都能带给你不一样的美食体验。

跳蚤市场

 购物

　　德国拥有众多档次不一的购物场所，在大型商场中可以买到你想要的商品，而在一些精品店中则可找到众多时尚品牌服饰，每逢周末，还可在别具特色的跳蚤市场中找到各种各样的纪念品。德国著名的连锁百货公司有Kaufhof、Karstadt，服装店有Peek&Cloppenburg(P&C)等。此外，在斯图加特附近的麦琴根(Metzingen)小镇，有众多德国名牌工厂专卖店聚集。

贴士

　　在欧洲所有国家购物，所支付的购物金额都包含有增值税。前往欧盟国家的游客，如果所购物品不在当地使用，并于三个月之内携带离境，便享有免税优惠。欧洲的退税公司主要有三个：Global Blue退税公司、Premier Tax Free退税公司、Tax Refund SPA退税公司。退税方式可以选择信用卡、现金或旅行支票这三种。退税公司会在所退金额中收取一定的手续费。如果需要办理退税，至少需要提前1~2小时到达机场。

　　退税流程：

　　1.在有免税标识的商店购买商品后，向店员索要退税单；

　　2.退税单上填写姓名、国家、住址、护照号码、出入境日期、银行卡号码等信息；

　　3.离境前到机场海关处出示退税单及所购物品（若购买商品在托运行李中，在check-in后先不要托运），海关审核通过后给退税单盖章；

　　4.选择现场领取现金退税或者将退税额打入信用卡中。

旅游资讯　地图导览

1. 特色产品

（1）柏林熊

熊是柏林市的象征，柏林熊也成为特定的形象标志。在柏林的市徽和各种纪念建筑物上都能见到熊的形象。街头巷尾也可以见到好多以熊为对象进行艺术创作的城市雕塑。在旅游纪念品中也有各种材质的"柏林熊"出售。

（2）科隆香水

科隆香水

科隆香水即古龙水，以柑橘类的清甜新鲜香气配以橙花、迷迭香、薰衣草香精制而成。具有令人舒适愉快的清新气息。

（3）柏林墙纪念块

柏林墙倒塌后，用其墙体碎片或墙体缺块加工成的纪念品，也十分具有纪念意义。

（4）红绿灯小人

柏林大街小巷的红绿灯标志特别吸引人的眼球，这些红绿灯小人已经衍生出了T恤衫、水杯、开瓶器、冰箱贴、钥匙扣等产品，是柏林热门的旅游纪念品。

苹果酒

（5）苹果酒

苹果酒堪称最典型的法兰克福当地饮料，口感清凉酸爽，酒精浓度不高，深受人们喜爱。法兰克福的餐厅和酒馆均有正宗的苹果酒供应。

（6）布谷鸟钟

布谷鸟钟又叫咕咕钟，已经成为德国的一种标志，很多人都会购买布谷鸟钟作为旅行纪念。在半点和整点的时候，钟的木门会自动打开，飞出的布谷鸟会发出"咕咕"的报时声。

（7）德国啤酒杯

传统的德国式啤酒杯一般都带有把手，并且有连着杯身的杯盖。质地有锡质、陶质、瓷质、玻璃、木制、银质等。杯身外表有美丽的花纹或图画。

2. 柏林购物

柏林是一个很受欢迎的购物城市，这里不仅云集了众多高档的百货公司和购物中心，还有许多独具匠心的特色市场和跳蚤市场。柏林的购物中心和市场在每个区都有，每个地方的特色也各不相同。最著名的库达姆大街是国际名牌汇聚地，而弗里德里希大街则是东部地区非常时尚、特色的购物区。此外，在通往波茨坦或施班道区等地的路上，还能看到不少品牌折扣店。除了国际时尚名品，柏林还有许多本土的名牌和特色工艺品。

柏林大多数商场的营业时间为工作日的9:30—20:00，周六

9：00—18：00，周日不营业。

（1）亚历山大广场购物区

亚历山大广场是柏林最著名的广场之一，也是一个绝佳的购物场所。这里有Galeria Kaufhof百货大楼、Alexa购物中心。在广场的周围还有诸多各具特色的小店，如红绿灯小人商店等。

（2）菩提树下大街

菩提树下大街是柏林最美、最迷人的购物地之一。街道两边分布有众多特色商店，不仅可以在这里欣赏美丽的建筑，而且还可以购买特色商品。

（3）库达姆大街

库达姆大街是柏林最有名、最受欢迎的购物街之一。聚集有众多品牌商店、百货公司、精品店。这里不仅是高级时装和时尚商店的聚集地，还是咖啡馆、剧院、电影院的大熔炉。

菩提树下大街

3. 法兰克福购物

　　法兰克福是一个时尚的购物天堂。法兰克福的购物地主要集中在歌德大街和采尔大街附近，歌德街是世界名牌专卖店和高级时装店的集中地；采尔大街拥有鳞次栉比的百货商店，各大品牌齐聚于此。此外，位于法兰克福郊区的威尔特海姆名品购物村是购买打折名品的好去处。

（1）威尔特海姆名品购物村

　　威尔特海姆名品购物村环境非常温馨梦幻，建筑均为北欧风格，各式各样的商品和超低的价格吸引了很多人前来购物。在这里购物一般都可以享受四折优惠，每年冬夏两季还有清仓大甩卖活动，最佳购物时间在圣诞节结束后至2月，以及6月末至7月。

（2）时装城

　　时装城是采尔大街的大型百货公司之一，聚集了众多专卖店和餐厅，在这里可以找到服饰、化妆品、家具等商品。

（3）My Zeil

　　My Zeil是法兰克福最现代的综合性购物中心之一，集购物中心、电影院、健身中心、酒店等于一体。漩涡型的设计风格让人印象深刻，在这里购物非常享受。

法兰克福传统圣诞市场

维克托利亚集市

4. 慕尼黑购物

在慕尼黑的大街小巷中，分布着众多商场、百货公司、大型超市等购物场所，既可以买到各种世界名牌产品，也能买到当地的特色产品。老城区中央的步行街是大型百货商店、著名时装店、宝石首饰店等的集中地，高档名牌商店主要分布在马克西姆大街、特阿庭大街、雷希丹茨大街、布里恩内大街等街道上。此外，市中心的集市也是购物的一大热门地。慕尼黑各种质地的啤酒杯、啤酒杯造型的工艺品及宁芬堡瓷器、布谷鸟钟等也是十分受欢迎的纪念品。

（1）马克西米利安大街

马克西米利安大街是慕尼黑最豪华、最有魅力的购物大街之一，街道两旁分布着众多精致时尚店，很多世界著名的品牌商品都可以在这里找到，让人大开眼界。

（2）五宫廷

五宫廷集大型购物中心、时尚商店、餐厅、娱乐场所、办公场所等于一体，极具现代消费特色，是一个非常受欢迎的购物地。

（3）维克托利亚集市

维克托利亚集市是慕尼黑最大的食品市场，这里有各种瓜果蔬菜、奶酪、香肠、鲜鱼等食品。这里经常人山人海，可在此购物，也可以享受美食大餐。

特蕾西娅草坪上的集市

5. 汉堡购物

　　汉堡是一个理想的购物天堂，这里的物价比德国其他主要城市相对低一些。购物最集中的地区就是围绕阿尔斯特湖的市中心附近，其中最有特色也最有魅力的地方是大型购物长廊。在这里，你可以看到时尚的服装饰品店、国际顶级名牌设计师的专卖店、大大小小的购物中心以及百货商场。如果逛倦了大商场、购物中心，还可以到跳蚤市场去淘淘货，感受一下当地的市井生活。

（1）少女堤

　　少女堤林立着众多大商场和精致小店，店中既有各种时尚潮品，也有不少贵重物品及传统特色的物件。

（2）阿尔斯特湖拱廊

　　阿尔斯特湖拱廊的外观为白色的文艺复兴风格，不仅有装饰别致的时装店，还有提供美味食物的咖啡屋、餐馆和食品店。

（3）欧洲购物长廊

　　欧洲购物长廊聚集了众多商场和餐饮店，在这里不仅能享受购物的乐趣，还能尽享美食带来的快乐。

（4）诺伊瓦尔街

　　诺伊瓦尔街是一条汇集了众多高档名牌商品的时装街，可以在这里买到阿玛尼、约普等国际时装，还可以找到宝格丽、卡地亚等名牌首饰。

（5）蒙克贝格街

蒙克贝格街是汉堡主要的购物街之一，街上名牌店铺林立，商品琳琅满目。如果想购买一些大众品牌商品，这里是个不错的选择。

（6）鱼市场

鱼市场历史悠久，不仅出售当天新鲜捕获的海鲜和鱼，还有蔬菜、水果、各种日用小商品等。此外，在这里还可以品尝海鲜美食。

（7）汉堡的圣诞市场

圣诞市场遍布于内城的众多广场上，其中以市政厅前的市场为最美。圣诞市场中不仅可以买到各种各样的商品，还可以欣赏到精彩的节目，乐趣多多。

6. 不来梅购物

在不来梅，人们可以充分享受逛街购物的乐趣。大街小巷分布着无数的精品店、百货商店及购物商场等，供人尽情购物。喜欢购物的人还可以到各种购物走廊和历史广场逛逛，在那里选购物美价廉的商品，品尝许多美味的小吃。

（1）教堂广场购物长廊

教堂广场购物长廊是连接泽格大街和教堂前广场之间的带玻璃顶

购物

的长廊，这里有各式商店，消费水平相对较高。

（2）施诺尔区

施诺尔区是不来梅最古老的市区，15、16世纪的小房屋错落有致地排列着，这里有许多购物中心及手工艺品和纪念品商店，商品琳琅满目。

（3）奥斯特门

奥斯特门是一个具有独特氛围的购物区，这里有许多精致且有趣的商店以及各种餐饮场所，让人在购物的同时，还能品尝到美味的食物。

7. 科隆购物

科隆作为购物天堂而闻名遐迩。在商业大街霍赫街和希尔德街上，你能找到众多大型商场和著名品牌商店的分店；在布莱特大街和艾伦街上，还有众多时尚精品店；米特尔街和费尔街一带全都是高级的设计时装店，能满足不同品味游客的要求。

（1）希尔德街

希尔德街位于霍赫大街和新市场之间的中心连接点，是科隆著名的购物街。这里不仅有化妆品、香水、家居用品等商品，还有美味的美食供游客品尝。

旅游资讯 地图导览

科隆圣诞购物市场

香水

购物

（2）新市场长廊

新市场长廊位于新市场，长廊里里外外分布着众多高档专卖店，在这里可以尽情购物，享受美食或者休息放松。

（3）阿珀斯特恩街

阿珀斯特恩街是科隆市中心一条较小型的购物街，街上林立着众多商店，随处可见琳琅满目的商品。

8. 莱比锡购物

莱比锡是一个适合购物的都市，购物地主要集中在梅德勒购物长廊、斯皮克霍夫、巴特勒霍夫、火车总站购物林荫道等区域，这些地方分布有众多购物商场、精品小店、咖啡店和餐馆，是体验高级购物乐趣的好地方。著名的格利玛大街、海恩大街、尼克拉斯大街、彼得大街等则汇聚了各式各样的商店和大型商场。此外，在中央体育场及Cottaweg等处的集市和古董市场也是购物的好去处。

被誉为"博览会之母"的莱比锡，是世界上第一座博览会城，每年都有很多博览会在这里举行。除了众多工业博览会外，莱比锡的图书博览会尤其著名。

（1）梅德勒购物长廊

梅德勒购物长廊位于科尼格斯豪斯长廊和迈色霍夫长廊之间，是莱比锡最豪华的长廊之一，里面有许多豪华商店和流行服饰店。此外，奥尔巴赫地下室酒馆也在这里。

（2）火车总站购物林荫道

火车总站购物林荫道拥有完善的购物中心和服务中心，下了火车便有种"站在店中"的感觉。三层楼里容纳了大小商店、咖啡厅及餐厅。因此它也拥有"购物天堂"的美称。

衣服店

（3）集市

莱比锡有许多集市，其中出售本地农产品的鲜货集市在当地很受欢迎。每逢周六，在中心体育馆节庆草坪前的集市和老展览中心的集市中，都能淘到不少好东西。每月的第一个周末，还有古董集市和旧货集市。除此之外，还有按传统在5、6月份举办的农民集市等。

活动

德国有丰富多彩的活动，无论你什么时候来，都能欣赏到歌剧、音乐会、话剧、音乐剧等表演。

德国作为贝多芬的故乡，其音乐节目丰富多彩，各地区每年都会举办众多音乐节。你可以在优雅的音乐厅、豪华的宫殿或者是环境优美的公园里，欣赏由一流的乐团、乐队或独奏家、独唱家演出的音乐会和芭蕾舞剧。此外，在德国众多大大小小的城市酒吧中，还可尽情畅饮慕尼黑啤酒。当然散落在全国各地的电影院，也可让异乡游客尽情饱览德国电影名作，尤其是在柏林电影节期间，你更会收获很多乐趣。同时，德国人也热衷于体育运动，其中足球联合会（DFB）备受瞩目，每逢专业甲级队比赛期间，便有成千上万的观众被吸引到体育场去。

1. 柏林

柏林的娱乐文化有着悠久的历史。如果想享受一次丰富多彩的夜晚娱乐，可以前往林荫大道和古典歌剧院一带，这里有三大剧院和八大交响乐团，其中柏林爱乐乐团也在这里。如果还想追求多样化的娱乐活动，这里有前卫的俱乐部、夜总会及酒吧，还有大大小小的影院与音乐厅。来到柏林，不管选择何种娱乐方式，都能从中找到欢乐。

（1）博物馆长夜

柏林的博物馆于每年1月和8月各举办一次活动。活动这天从下午六点到次日凌晨两点，观众们可以乘专线公共交通穿梭于柏林100多家博物馆之间。参加活动的博物馆会专门为这个晚上安排特别活动，活跃与喜庆的气氛会让人参加一次就永远爱上它。

时间：18:00—次日2:00，每年1月和8月各举办一次

（2）柏林电影节

柏林电影节于每年2月举行，在这里可以和走在红地毯上的耀眼明星们近距离接触。节日期间，每天从上午到夜间，柏林的各大影院都会上演各种参展、观摩以及纪念影片，让你过一把电影瘾。

地点：波茨坦广场（与柏林爱乐音乐厅相隔一条街）

时间：每年2月

柏林电影节

（3）莫扎特月

"莫扎特月"是柏林喜剧歌剧院的固定节目，在每年5月上演。从5月1日至5月27日，莫扎特的著名歌剧《魔笛》、《后宫诱逃》、《费加罗的婚礼》以及他的交响乐会、室内音乐会等将交相上演。歌剧爱好者可以提早安排，前来观看。

地点：柏林喜剧歌剧院

时间：每年5月1日至5月27日

（4）露天除夕新年晚会

每年12月31日晚上，是德国一年中唯一可以放烟花的日子。柏林市的露天除夕新年晚会在市中心勃兰登堡门经六月十七日大街到胜利纪念柱间举行，道路两侧搭起各种风格的文艺演台、电影巨幕、多媒体中心和派对帐篷，吸引了无数人在此欢度新年。当新年的钟声响起，空中会升起绚丽的焰火，景象非常壮观。

地点：勃兰登堡门前

时间：每年12月31日

2. 法兰克福

法兰克福的娱乐活动精彩多样，从流行音乐、古典歌剧到现代戏剧、酒吧演出等，都能找到。如果想感觉一下德国酒吧的风情，可以去萨克森街，那里几乎集中了德国的所有啤酒种类，还有小型乐队演奏，别具风情。此外，法兰克福博物馆区的文化生活丰富多彩，各个年龄段的人都能找到适合自己的活动。如果想要了解更多关于法兰克福娱乐方面的信息，可以从报刊亭买一份Jounal Frankfurt，上面有酒吧、演出等方面的详细介绍。

（1）博物馆河岸节

博物馆河岸节由两岸博物馆发起，是法兰克福最大的民间节日之一。节日在河岸连续举行三天，大多数博物馆在这三天中免费开放。节日最大的亮点是美因河上的划船比赛。此外，还有很多配套节目和表演项目，每天都是一场不同的表演盛宴。

地点：美因河畔

时间：每年8月29日至8月31日

塔莉亚歌剧院

（2）苹果酒节

法兰克福是"苹果酒的故乡"，苹果酒节是当地特色节日。在市中心罗马广场举行，节日期间由名人担任苹果酒女皇等造型。歌剧院广场上将摆满美味佳肴、名贵葡萄酒和香槟，游客以及当地居民都能品尝到美味的佳肴。此外，还有劲歌热舞为节日助兴。

地点：市中心罗马广场

时间：8月中旬

（3）法兰克福之声音乐节

法兰克福之声音乐节期间会在法兰克福的各个地方举行露天演唱会，当地和外来乐队演奏电子音乐、灵乐、布鲁斯和摇滚，联袂展现当下流行乐的走势，七十多场演出持续12小时。

地点：法兰克福各地

（4）博物馆之夜

博物馆之夜是体验法兰克福博物馆的好时机，节日当天，众多的博物馆以及画廊将开门到深夜并以特殊的方式要求游客参观。除了定期的展览之外还将提供额外的参观环游、讲解以及互动。同时，各种音乐会、戏剧表演、舞蹈演出以及其他不同形式的派对都将在活动的节目单上出现。

时间：6月上旬

慕尼黑啤酒节夜景

3. 慕尼黑

慕尼黑是德国著名的"啤酒之都"，拥有丰富多彩的娱乐活动，一年四季都洋溢着欢乐的气息。在这里，你可以到各种咖啡厅、酒吧、餐厅或俱乐部中感受娱乐的魅力，也可以到剧场去看场演出，欣赏各种音乐会、歌剧、戏剧等精彩节目。如果想了解当地的娱乐、生活信息，可在报刊亭买一本当地的娱乐杂志参考。

（1）慕尼黑啤酒节

世界闻名的慕尼黑啤酒节在德国亦称"十月节"，通常从每年9月15日以后的第一个星期六开始，至10月的第一个星期日结束，历时16～18天，地点固定在慕尼黑市老城西南约1000米的特蕾西娅草地上。"十月节"始于1810年10月17日，当时，王储路得维希和公主特蕾西娅举行婚礼，仿照古希腊奥林匹亚运动的风格，在慕尼黑城墙外的草地上举行了规模盛大的骑马比赛。之后，巴伐利亚宫廷决定在每年的同一时间举行骑马比赛，而这片草地则被命名为特蕾西娅草地。可见，当时的"十月节"只具有体育运动性质。随着时代的变迁，这个"十月节"越来越具有民间节日的性质，各种娱乐设施亦陆续加入进来，渐渐演变成了今天的啤酒节。

慕尼黑啤酒节的开幕仪式有固定程序。一般是在中午12点，由慕尼黑市长在一个固定的啤酒帐篷里用锤子打开啤酒桶木栓，酒桶流出啤酒之际即是啤酒节开幕之时。按照传统，第一大杯啤酒应奉献给州长。在这个过程中，人们紧张地观看市长敲几下才能使啤酒流出。据记载，最快的是敲两下就成功了，而1950年的那次敲了19下才使啤酒流出来。当市长成功地使啤酒流出木桶之后，外面就发出12声礼炮，这是允许其他啤酒帐篷开始斟酒的信号。

（2）慕尼黑歌剧节

慕尼黑歌剧节在巴伐利亚国家歌剧院开始，是观赏歌剧全套大戏的好机会，既可欣赏到经典剧目，也能观看到首演剧目。

（3）奥登广场古典音乐会

奥登广场古典音乐会是巴伐利亚最大的古典音乐会演，也是慕尼黑文化之夏的高潮。巴伐利亚广播电台交响乐团和慕尼黑爱乐乐团高水准的音乐会，在慕尼黑的夏夜进行演出。

交响乐团的表演

4. 汉堡

在汉堡，娱乐活动非常多，可以满足不同人的需求。既可以在剧院欣赏世界顶尖水平的音乐和戏剧，体验高雅的夜生活，也可以

汉堡港环游

到分布于大街小巷的酒吧、俱乐部去消遣放松。

（1）汉堡戏剧之夜

汉堡戏剧之夜是汉堡夏季的重要"文化盛宴"，演出节目类型多样，包括歌剧、芭蕾舞、轻喜剧与歌舞剧等现代文化节目，演出地点分布在城市各个地方，包括歌剧院、文化大厅、剧院甚至酒吧。

（2）汉堡游乐节

汉堡游乐节是一个民间欢庆活动，每年举行三次，一般在4月、7月和11月，每次举行的时间为一个月。游乐场是孩子和年轻人游乐的天堂，无入场门票，各项活动费用不等，每周三是优惠场。

（3）港口生日庆典

港口生日庆典是一个由市政府出面的重要民间节日。节日在每年5月9日至5月11日举行，其间人们会在港口区的水上、陆上以及空中举行一系列的庆祝活动，还会燃放美丽的烟花。

（4）汉堡港环游

来到汉堡，坐船游汉堡港是一件相当惬意的事情。登上玻璃顶观光船，站在露天甲板上可以从不同的角度欣赏汉堡的风光。乘船地点在圣保利码头栈桥1至9号桥处，市内可以乘地铁U 3线在Landungsbrucken站下，或乘城铁S1、S2、S3、S21线在Landungsbrucken站下即到。

5. 不来梅

不来梅拥有多元文化的娱乐活动。喜欢高雅、安静的游客，可以选择博物馆、展览馆、电影院、剧院等休闲娱乐场所。如果你想感受当地热情奔放的夜生活，不妨到酒吧、俱乐部或夜总会等地去感受一下当地娱乐活动的魅力。此外，这里还有嘉年华、自由音乐节等众多传统节日庆典，给人带来无限欢乐。

（1）桑巴嘉年华

每年2月，德国全年最大的桑巴嘉年华在不来梅举行。这里有令人着迷的化装舞会和狂野的桑巴音乐，来自不来梅、整个国家甚至临国的桑巴乐团、打击乐团、化装团和吹奏乐团都纷至沓来。此时，人们会在饭馆、酒吧和文化馆中不间歇地跳舞和欢庆。

（2）不来梅自由集市

自由集市是德国最古老的第三大民间节日，在每年10月下半月举行。节日期间节目不断，人们将熬夜狂欢到清晨，节日的高潮是自由集市大游行。

（3）不来梅音乐节

不来梅音乐节是音乐爱好者最喜爱的一个节日，音乐节期间将举行一系列音乐会，可以欣赏到最优秀的乐团、艺术家表演的精彩节目。

6. 科隆

科隆拥有很多不同类型的娱乐活动，很容易就能感受到娱乐活动带来的欢乐。这里有诸多艺术展览和音乐演出，无论是歌剧、音乐剧还是摇滚音乐会，科隆的音乐生活总是那么丰富多彩而又富有新意。除了各种音乐演出，还可以到酒吧、俱乐部中，去感受动感与活力。如果你想好好体验一下科隆丰富多彩的娱乐生活，不妨在这里游玩几天。

科隆狂欢节

科隆狂欢节在每年2月举行，主要盛行于德国莱茵河一带。狂欢节主要有两种形式：一种是游行，另一种是晚上在室内举行"狂欢"活动。除此之外，市长或狂欢节爱好者协会还向"贵宾"授予偌大的"勋章"，通常要挂在胸前。据说，这种"勋章"很有讲究，可反映出被授予者的社会地位。狂欢节期间非常热闹，精彩节目不断，值得参与其中。

小提琴演奏

7. 莱比锡

莱比锡有众多文艺娱乐活动，夜生活也丰富多彩，剧院、音乐会大厅、电影院、各种各样的演出场所都有，再加上酒吧、咖啡屋、啤酒园、迪斯科舞厅等，不管你喜欢什么样的娱乐场所，都能在这儿找到。"赤脚小巷"是个不错的地方，这里的餐馆和酒吧一家紧连一家，还经常有庆祝活动举行。在特舍德大街，分布着众多乡村气息浓郁的酒吧，是一个感受当地文化的好去处。此外，年轻一族还喜欢在孔内维茨城区和市中心的南段出没，这里经常有摇滚乐音乐会、朋克音乐会和自由音乐会，极具魅力。走进莱比锡，你会发现这里时常处于一种欢乐的气氛当中，这里的酒吧几乎不存在"关门时间"。

（1）巴赫音乐节

巴赫音乐节在最著名的托马斯合唱团的主要演出场所举办，每年6月上旬或中旬开始。通过歌剧、莱比锡管风琴之夏和爵士音乐日，以及"感受古典音乐"等方式，让莱比锡的音乐充满激情。节日期间，可以欣赏到国际著名演奏家的演奏，乐队和独奏家同样可以让观众欢呼。

演奏

（2）门德尔松节

门德尔松节是一个欣赏门德尔松音乐作品的绝佳时机，这个节日将莱比锡的音乐生活推向了另一个高潮。

（3）"Pop Up"音乐节

这是一个独立的音乐贸易博览会，"Pop Up"不仅是一个贸易博览会，更是专题研讨会和在不同俱乐部举办的音乐节。更多信息可登录网站www.leipzig-popup.de/查看。

（4）莱比锡圣诞集市

莱比锡圣诞集市是德国最重要、最美丽的圣诞市场之一，位于莱比锡中心地区老市政厅前，流光溢彩的集市让人眼花缭乱。圣诞集市开幕期间会有一系列精彩的特别旅游观光项目。节日期间不仅可以购买到各种各样的物品，还能欣赏到精彩纷呈的系列文化节目，到处都充满欢乐的气氛。

科隆科狂欢节游行

不该错过的旅游体验

1. 莱茵河：欧洲的国际河

　　莱茵河发源于瑞士城内的阿尔卑斯山。乘船而下，河道蜿蜒曲折，碧绿的葡萄园错落有致地排列在河两岸，古老的城镇、古堡、宫殿遗址点缀在青山绿水之中，让人目不暇接。从宾根到波帕德这一段则是莱茵河美景的精华，窄窄的河面，湍急的水流，密集的古堡。古往今来，多少诗人、画家、音乐家为此折腰，频频光顾此地，为这条浪漫的河流增添了不少神奇色彩。

2. 勃兰登堡门：柏林的象征

　　勃兰登堡门位于德国首都柏林的市中心，是柏林城唯一保存下来的城门，也是柏林的象征，更是德国国家的标志。它是普鲁士国王腓特烈·威廉二世为纪念普鲁士在七年战争中取得胜利而下令建造的，见证了柏林、德国、欧洲乃至世界的许多重要历史事件。

3. 黑森林：泡温泉玩滑雪

　　黑森林是德国最大的森林山脉，也是多瑙河和内卡河的发源地。这里山脉与河谷相间，掩映在丛林中的古城、精致的木结构房屋、清澈见底的潺潺溪流、碧绿的牧场和悠闲吃草的牛羊，漫步其中，如同穿梭在童话世界中。穿戴富有特色的当地居民，展示当地的工业传统和风土人情的博物馆，都相当吸引眼球。而最令人向往的是散布在这

勃兰登堡门

莱茵河

个山区里的大量疗养温泉，在这里泡温泉玩滑雪，可以享受独特的温情时光。

4. 阿尔卑斯山之路：景色变化万千

它是德国最古老的旅游路线之一，以博登湖为起点，途经浪漫的新天鹅堡，到达林德霍夫堡，攀上有"德国屋脊"之称的楚格峰，最后抵达德国东南角国王湖。一路上景色变幻万千，碧绿开阔的草地、起伏的丘陵、冷峻的山峰、浓郁的树林、独特的乡村、古老的城堡、浪漫的山谷以及清澈如镜的湖泊，犹如仙境，让人流连忘返。

5. 新天鹅堡：白雪公主

新天鹅堡可以说是童话世界的代名词，这座由巴伐利亚国王路德维希二世设计的城堡，将传说中曾是白雪公主居住过的地方呈现于世间，让很多人实现了对童话世界追求的梦想。新天鹅堡背依群山，下俯碧水，一片纯白的衣裙，傲然矗立在云雾缭绕之中。梦幻的气氛、无数的天鹅图画，加上围绕城堡四周的湖泊，让人如入仙境。

6. 浪漫之路：德国最有名的观光大道

浪漫之路主要是指巴伐利亚森林以及多瑙河、美因河及支流的河谷地带。优美的自然景致、深厚的文化底蕴和热情好客的主人，是浪漫之路的招牌。它是旅游者最喜爱的旅游线路之一，也是德国大名鼎鼎的观光街道。一路上，你可以看到宏伟壮观的建筑、有着历史积淀的古老城市以及掩映于丛林中保存着古朴风貌的村落，让人叹为观止。

黑森林滑雪

新天鹅堡

巴伐利亚林德霍夫城堡

图例：
- 国家公园
- 天然公园
- 矿泉浴场（温泉浴、泥浴、克奈普氏疗浴）
- 海滨浴场
- 疗养地
- 参观旅游地
- 东海 旅游区

北海 NORTH SEA

东经E6°

德意志湾 Deutsche Bucht

丹 小贝尔特海峡 Lille Belt

韦斯特兰 Westerland

维克 Wyk

格吕克斯堡 Glucksburg

北弗里西亚群岛 Nordfriesische Inseln

石勒苏益格—荷尔斯泰因浅滩国家公园 Schleswig-Holsteinisches Wattenmeer

圣彼得—奥尔丁 St.Peter-Ording

许滕山天然公园 Hüttener Berge

韦斯滕湖天然公园 Westensee

54°

黑尔戈兰岛 Helgoland

比苏姆 Büsum

奥克鲁格天然公园 Aukrug

黑尔戈兰湾 Helgöländer Bucht

东弗里西亚群岛 Ostfriesische Inseln

诺德奈岛 Norderney

朗格岛 Langeoog

于斯特岛 Juist

汉堡浅滩国家公园 Hamburgisches Wattenmeer

博尔库姆岛 Borkum

下萨克森浅滩国家公园 Niedersächsisches Wattenmeer

库克斯港—杜嫩 Cuxhaven-Duhnen

巴特布拉姆施泰特 Bad Bramstedt

瓦登海

巴特茨维舍安 Bad Zwischenahn

吕讷堡灌本林天然公园 Lüneburger Heide

旧甫政厅和罗兰塑像 Kan.

不来梅 Bremen

法灵博斯特尔 Fallingbostel

吕讷堡 Lüneburg

荷 兰 NETHERLANDS

维尔德豪森森干砾地区天然公园 Wildeshauser Geest

德

南灌林

施泰因胡德湖天然公园 Steinhuder Meer

北条顿堡林山天然公园 Nördlicher Teutoburger Wald Wiehengebirge

迪默湖天然公园 Dümmer

汉诺威 Hannov

巴特本特海姆 Bad Bentheim

维恩山天然公园 Wiehengeb.

巴特厄因豪森 Bad Oeynhausen

威悉山地—绍姆堡—哈默尔恩 Weserbergland-Schaumburg

巴特皮尔蒙特 Bad Pyrmont

明斯特 Münster

巴特萨尔茨乌夫伦 Bad Salzuflen

霍恩—巴特迈恩贝格 Horn-B.Meinberg

巴特利普施普灵格 Bad Lippspringe

巴特德里堡 Bad Driburg

威悉山地 Weserbergland

索里山—福格勒天然公园 Soling-Vogler

明登 Münden

关税联盟矿区

多特蒙德 Dortmund

条顿堡林山—埃格山 Teutoburger Wald-Eggegebirge

埃格山—南条顿堡林山天然公园 Eggegebirge u.sud.Teutoburger Wald

卡塞尔 Kassel

巴特索登 Bad Soode

埃森 Essen

阿恩斯贝格森林公园 Arnsberger Wald

迪默湖天然公园 Diemelsee

绍尔兰天然公园

施瓦尔姆河—内特河天然公园 Schwalm-Nette

杜塞尔多夫 Düsseldorf

绍尔兰山 Sauerland

霍默特天然公园 Homert

维林根 Willingen

温特贝格 Winterberg

哈比希茨瓦尔德天然公园 Habichtswald

比利时 BELGIUM

52°

瑞典
SWEDEN

DENMARK

博恩霍尔姆岛(丹)
Bornholm (Den.)

波 罗 的 海
BALTIC SEA

费马恩海峡
Fehmarnbelt

基尔湾
Kieler Bucht

海利根哈芬
Heiligenhafen

德兰斯克
Dranske

吕根岛
Rügen

亚斯蒙德岛国家公园
Jasmund

萨斯尼茨 Sassnitz

东海 Ostsee

普特加登
Puttgarden

布尔格 Burg

前波美拉尼亚-博登风景区国家公园
Vorpommersche Boddenlandschaft

普雷罗
Prerow

达尔斯半岛
Darss

宾茨 Binz

塞林 Sellin

格伦 Gohren

荷尔斯泰因瑞士
Holsteinsche Schweiz

荷尔斯泰因瑞士天然公园

格罗米茨
Grömitz

梅克伦堡湾
Mecklenburger Bucht

屈隆斯博恩
Kühlungsborn

罗斯托克
Rostock

格拉尔-米里茨
Graal-Müritz

施特拉尔松梅古城

乌瑟多姆
Usedom

钦诺维茨
Zinnowitz

班辛
Bansin

波美拉尼亚海湾 (波莫湾)
Pomerania B. (Zatoka Pomorze)

黑灵斯多夫 Heringsdorf

阿尔贝克 Ahlbeck

吕贝克
Lübeck

特拉沃明德
Travemünde

维斯马克城

什未林
Schwerin

什切青湾(什切青湾)
Szczeciński Haff (Zalew Szczeciński)

劳恩堡湖区天然公园
Lauenburgische Seen

沙尔湖天然公园

梅克伦堡瑞士-库默罗湖天然公园
Mecklenb. Schweiz u.Kummerower See

瓦伦
Waren

彼特肖-皮斯科

梅克伦堡易北河谷天然公园
Mecklenb.-Elbetal

普劳
Plau

米里茨湖
Müritz

米里茨国家公园
Müritz Sea

费尔德贝格湖景天然公园
Feldberger Seenlandschaft

梅克伦堡多湖平原
Mecklenburgische Seenplatte

乌克马克湖区风景区
Uckermärkische Seenlandschaft

栋别湖
Jezioro Dabie

埃尔布塔劳厄天然公园
Elbtalaue

莱茵斯贝格
Rheinberg

下奥得河国家公园
Unteres Oder

波兰
POLAND

巴特贝文森
Bad Bevensen

德维尔弗-德拉瓦天然公园
Elbufer-Drawehn

巴德维尔斯纳克
Bad Wilsnack

滕普林
Templin

阿伦德塞
Arendsee

柏林
BERLIN

梅尔基施瑞士
Märkische Schweiz

埃尔克纳
Erkner

梅尔基施瑞士公园
Märkische Schweiz

德勒姆灵天然公园
Dröming

西哈弗尔兰天然公园
Westhavelland

博物馆

柏林动物园

柏林现代主义住宅

格林海德 Grünheide

巴特萨罗-皮斯科
B.-Saarow-Pieskow

GERMANY

勃兰登堡
Brandenburg

波茨坦-柏林现代主义住宅
Potsdam

波茨坦的宫殿、庭园

普里罗斯
Prieros

埃尔姆-拉普瓦尔德天然公园
Elm-Lappwald

马格德堡
Magdeburg

普劳茨基
Plötzky

上弗莱明天然公园
Hoher Fläming

达默河莱原湖区区
Dahme Heideseen

施劳贝尔天然公园
Schlaubetal

哈茨山国家公园
Harz

普雷齐尔
Pretzien

施普雷林山
Spreewald

戈斯拉尔 Goslar

韦尼格罗德 Wernigerode

巴特苏德罗德 Bad Suderode

德绍-沃利茨园林

维滕贝格的路德故居

包豪斯学院

巴特施米德贝格
Bad Schmiedeberg

下劳西兹高天然公园
Niederlausitzer Landrücken

盖恩罗德 Gernrode

奎德林堡旧城

巴特萨克森布拉格
Bad Sachsenburg

下哈茨
Unterharz

艾斯莱本的路德故居

莱比锡
Leipzig

下劳西兹荒原景区
Niederlausitzer Heidelandschaft

巴特利本韦达
Bad Liebenwerda

巴特弗兰肯豪森
Bad Frankenhausen

大塞尔兴
Gross Sarchen

萨勒河-温施特鲁特河三流纪天然公园
Saale-Unstrut-Triasland

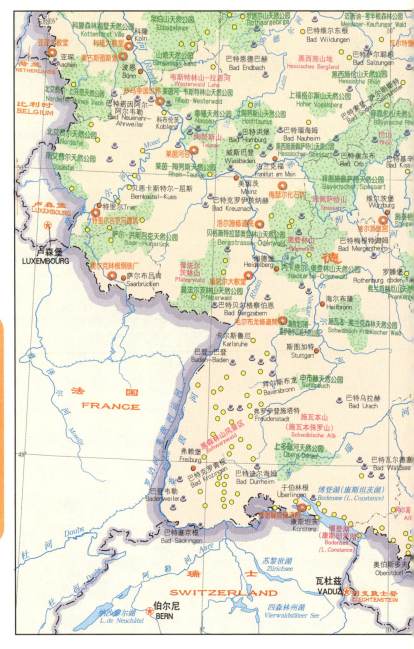

科滕森林别墅天然公园
Kottenforst Ville
科隆大教堂
亚琛大教堂
亚琛 Aachen
奥古斯图斯堡
波恩 Bonn

埃伯山天然公园
Ebbegebirge
科隆
Köln

罗腾贝尔山天然公园
Rothaargebirge

巴特维尔东根
Bad Wildungen

迈斯讷-考丰根森林公园
Meissner-Kaufunger Wald
瓦尔多根

北艾费尔天然公园
Nordeifel-上劳恩天然公园
Hohes Venn

韦斯特林山-拉恩河
Westerwald Lahn
罗马帝国边界
莱茵河-韦斯特林山天然公园
Rhein-Westerwald

山地天然公园
Bergisches Land

巴特恩德巴赫
Bad Endbach

黑森施山地
Hessisches Bergland

巴特萨尔聪根
Bad Salzungen

荷兰
NETHERLANDS

比利时
BELGIUM

特诺普因阿尔-
阿尔韦勒
Bad Neuenahr-
Ahrweiler

科伯伦茨
Koblenz

诺绍天然公园
Nassau

北陶努斯山天然公园
Hochtaunus

上福格尔斯山天然公园
Hoher Vogelsberg

黑森施山山天然公园
Hessische Rhön

伦山
Rhön

南艾费尔天然公园
Südeifel

陶努斯山
Taunus

巴特洪堡
Bad Homburg

巴特瑙海姆
Bad Nauheim

巴特索登-萨尔明斯特
Bad Soden-Salmünster

拜恩伦山天然公园
Bayerische
Rhön

贝尔卡斯特尔-屈斯
Bernkastel-Kues

莱茵河谷

威斯巴登
Wiesbaden

法兰克福
Frankfurt am Main

美因茨
Mainz

黑森施帕萨特山天然公园
Hessischer Spessart

巴特奥尔布
Bad Orb

巴特基辛
Bad Kiss

特里尔 Trier
特里尔古罗马建筑

莱茵-陶努斯天然公园
Rhein-Taunus

巴特克罗伊茨纳赫
Bad Kreuznach

梅瑟尔化石坑

施佩萨特山
Spessart

拜恩施海萨特天然公园
Bayerischer Spessart

维尔茨堡
Würzburg

施泰格
Steige

萨尔-洪斯吕克天然公园
Saar-Hunsrück

洛尔施修道院
贝格施特拉瑟奥登林山天然公园
Bergstrasse-Odenwald

奥登林山
Odenwald

巴特梅根特海姆
Bad Mergentheim

卢森堡
LUXEMBOURG

卢森堡
LUXEMBOURG

费尔克林根钢铁厂
萨尔布吕肯
Saarbrücken

普法尔
茨林山
Pfälzerwald

普法尔茨大教堂
Pfalzerwald

海德堡
Heidelberg

内卡塔尔-奥登林山天然公园
Neckartal-Odenwald

罗滕堡
Rothenburg ob der

弗兰肯精林山天然公园
Fränkisch

巴特贝尔格察伯恩
Bad Bergzabern

毛尔布龙修道院

海布隆
Heilbronn

卡尔斯鲁厄
Karlsruhe

巴登-巴登
Baden-Baden

斯图加特
Stuttgart

施瓦本-弗兰克森林天然公园
Schwäbisch-Fränkischer Wald

拜尔斯布龙
Baiersbronn

申布赫天然公园
Schönbuch

巴特乌拉赫
Bad Urach

法国
FRANCE

弗罗伊登施塔特
Freudenstadt

施瓦本山
(施瓦本侏罗山)
Schwäbische Alb

上多瑙河天然公园
Obere Donau

巴特瓦尔德泽
Bad Waldsee

弗赖堡
Freiburg

黑森林山风景区
Schwarzwald

巴特克罗青根
Bad Krozingen

巴特迪尔海姆
Bad Dürrheim

于伯林根
Überlingen

博登湖（康斯坦茨湖）
Bodensee (L. Constance)

阿尔高
Allgäu

巴登韦勒
Badenweiler

巴特塞京根
Bad Säckingen

康斯坦茨
Konstanz

博登湖
（康斯坦茨湖）
Bodensee
(L. Constance)

奥伯斯多夫
Oberstdorf

杜河
Doubs

瑞 士
SWITZERLAND

苏黎世湖
Zürichsee

瓦杜兹
VADUZ

列支敦士登
LIECHTENSTEIN

伯尔尼
BERN

纳沙泰尔湖
L. de Neuchâtel

四森林州湖
Vierwaldstätter See

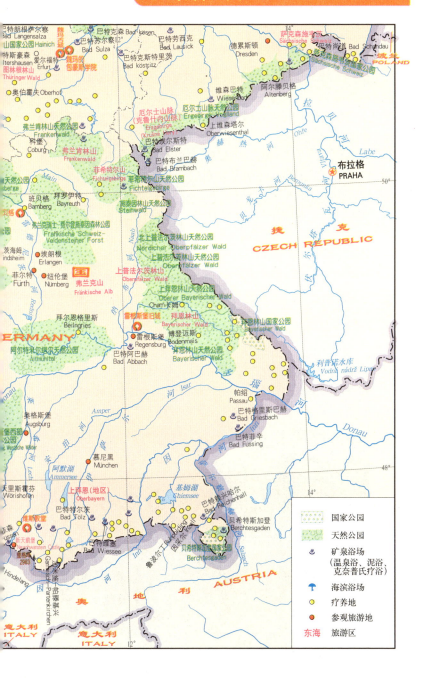

风景名胜图 Places of Interest

特朗根萨尔察
Bad Langensalza
山国家公园 Hainich
特斯豪森
Itershausen
图林根林山
Thüringer Wald
奥伯霍夫 Oberhof

巴特苏尔察 Bad Sulza
巴特克森 Bad Kösen
巴特劳西克 Bad Lausick
巴特斯特里茨 Bad Köstritz
德累斯顿 Dresden
萨克森施韦茨 Sächsische Schweiz
巴特尚道 Bad Schandau
波兰 POLAND
萨克森施韦茨国家公园 Sächsische Schweiz

爱尔福特 Erfurt
魏玛古城
魏玛的包豪斯学院

维森巴特 Wiesenbad
阿尔腾贝格 Altenberg

弗兰肯林山天然公园
Frankenwald
科堡 Coburg

厄尔士山脉（克鲁什内山脉）
Erzgebirge (Krušné)

厄尔士山脉天然公园
Erzgebirge Vogtland

上维森塔尔 Oberwiesenthal

拉贝河
Labe
Ohře

弗兰肯林山 Frankenwald

菲希特尔山 Fichtelgebirge
菲希特尔山天然公园

巴特埃尔斯特 Bad Elster

巴特布兰巴赫 Bad Brambach

赫热河
Beraunka

布拉格 PRAHA

天然公园 erge
班贝格 Bamberg
拜罗伊特 Bayreuth

Main

菲希特尔山 Fichtelgebirge

施泰因林山天然公园 Steinwald

50°

茨海姆 indsheim

弗兰克瑞士-费尔登施泰因森林公园
Fränkische Schweiz-Veldensteiner Forst

Naab

北上普法尔茨林山天然公园
Nördlicher Oberpfälzer Wald

捷 克
CZECH REPUBLIC

埃朗根 Erlangen

上普法尔茨林山天然公园
Oberpfälzer Wald

菲尔特 Fürth
纽伦堡 Nürnberg

弗兰克山 Fränkische Alb
上普法尔茨林 Oberpfälzer Wald

上拜恩林山天然公园
Oberer Bayerischer Wald

拜尔恩格里斯 Beilngries

恰姆卡姆 Cham-Kamm

上拜恩林山 Oberer Bayerischer Wald

拜恩林山 Bayerischer Wald
拜恩林山国家公园 Bayerischer Wald

ERMANY

阿尔特米尔天然公园 Altmühltal

雷根斯堡旧城

雷根斯堡 Regensburg

博登迈斯 Bodenmais

利普诺水库 Vodná nádrž Lipno

Donau

巴特阿巴赫 Bad Abbach

拜恩林山天然公园 Bayerischer Wald

Isar 河

帕绍 Passau

Donau

奥格斯堡 Augsburg

巴特格里斯巴赫 Bad Griesbach

48°

堡西部园公
Westliche Wälder

Amper

巴特菲辛 Bad Füssing

慕尼黑 München

阿默湖 Ammersee

14°

Inn 河

天里斯霍芬 Wörishofen

上拜恩（地区）Oberbayern

基姆湖 Chiemsee

巴特巴特赖兴哈尔 Bad Reichenhall

巴特特尔茨 Bad Tölz

维斯教堂
新天鹅堡 Neuschwanstein Castle

贝希特斯加登 Berchtesgaden

楚格峰 2963

Inn 河

巴特维塞 Bad Wiessee

贝希特斯加登国家公园 Berchtesgaden

意大利 ITALY
意大利 ITALY

Hindelang

加米施-帕滕基兴 Garmisch-Partenkirchen

君特葛吕米 奥 地 利

Salzach

AUSTRIA

12°

图例

	国家公园
	天然公园
♨	矿泉浴场（温泉浴、泥浴、克奈普氏疗浴）
⚓	海滨浴场
●	疗养地
●	参观旅游地
东海	旅游区

117

经典路线游

1. 五日游线路推荐

第一站　柏林—勃兰登堡门—德国国会大厦—夏洛滕堡宫—波茨坦广场

来到柏林，从勃兰登堡门开启旅程的第一站。随后前往德国国会大厦，在这里的玻璃穹顶上可以鸟瞰柏林全景。接着前往夏洛滕堡宫，感受一下那里让人咂舌的奢华和众多藏品。傍晚时分，可以在波茨坦广场闲逛，在这里感受柏林现代和历史的交融，并体会现代都市的繁华和美丽。下一站将前往海德堡老城。

夏洛滕堡宫

第二站　柏林—海德堡老城

海德堡老城的街道、小巷和主要建筑都保留了原来的古朴风格。哥特式、巴洛克式及文艺复兴式的建筑，让人眼花缭乱。城堡里保存着一个巨大的葡萄酒桶，还设有德意志药店博物馆等。城堡的平台是俯瞰整个城市的最好位置。参观完城堡后前往法兰克福。

海德堡城堡

第三站　法兰克福—罗滕堡

在法兰克福，主要参观大教堂、罗马广场及其周边景点。游览完后，从法兰克福前往罗滕堡。罗滕堡是德国保存最完好的中世纪古城，也是德国浪漫之路上的一颗明珠。这里随处可见城墙、塔楼、哥特式和文艺复兴式的房屋建筑以及浪漫的街景，让人仿佛来到了一个中世纪的建筑艺术博物馆。

罗马广场

慕尼黑宁芬堡宫

第四站　罗滕堡—菲森

沿着浪漫之路前行，最后抵达小城菲森，来这里就是为了参观新天鹅堡。它是欧洲最漂亮的城堡之一，也是人们实现童话梦想的地方。在城堡内，可以参观以瓦格纳歌剧为背景的装饰、人造溶洞，还有国王钟爱的象征高贵、纯洁的天鹅。

第五站　菲森—慕尼黑

从菲森前往慕尼黑，先游览宁芬堡宫。然后前往宝马汽车博物馆，在这里了解关于宝马汽车的历史以及各种宝马车型。最后一站在玛利亚广场休憩，感受一下当地人的生活。

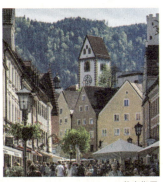
菲森街景

2. 八日游线路推荐

第一站—第三站 柏林

在柏林的第一天，勃兰登堡门不可不去。参观完后可步行前往德国国会大厦，在大厦的玻璃穹顶上鸟瞰柏林是一件很享受的事情。之后沿着菩提树下大街漫步，看看著名的使馆区，逛逛街道两边的商店。最后去波茨坦广场感受一下现代柏林的繁华。

夏洛滕堡腓特烈·威廉雕像

第二天前往夏洛滕堡宫。这是德国现存的最大的宫殿，它的奢华程度与藏品之多绝对让你惊艳。最后还可以去柏林的商店、跳蚤市场自由闲逛，或去看一场演出、电影，欣赏一下柏林繁华的夜景。

第三天要在柏林感受一下当地的博物馆文化，博物馆岛是最佳的去处。可以按照自己的喜好来选择参观岛上博物馆，也可以逐一看完。最后前往岛东端的柏林大教堂，欣赏美丽的王室专用教堂。

科隆大教堂内部

第四站 柏林—科隆

从柏林乘火车前往科隆，下火车就可以看到科隆大教堂，它是世界上最美的哥特式建筑之一。参观完大教堂，可以前往法里纳香水博物馆，见识一下香水的制造过程和种类。最后前往巧克力博物馆，感受一下巧克力扑鼻而来的香味，在甜美当中结束一天的旅行。

第五站 科隆—法兰克福

从科隆前往法兰克福，参观法兰克福大教堂，在教堂的顶端鸟瞰法兰克福市景。随后前往罗马广场，这里聚集了众多精华景点，广场西北角的法兰克福市政厅不容错过。最后前往歌德故居，在这里缅怀伟大作家歌德。

法兰克福大教堂

第六站—第七站 法兰克福—慕尼黑

玛利亚广场

在慕尼黑的第一天，从市中心的玛利亚广场开始游览，在它周围可以看到新市政厅、老市政厅和彼得教堂等古老建筑。随后前往德意志博物馆，最后一站前往英国花园，在舒适的环境中享受惬意的时光。

第二天去宝马博物馆，然后到附近的奥林匹克公园逛逛。最后前往宁芬堡宫，在这里欣赏昔日巴伐利亚历代王侯的美丽夏宫。

第八站 慕尼黑—新天鹅堡

从慕尼黑前往新天鹅堡，让人非常期待。这座巴伐利亚国王路德维希二世成就的童话宫殿，成全了无数人的童话梦想。在城堡的山脚下有一个湖，绕湖一周，景色也很不错。

新天鹅堡

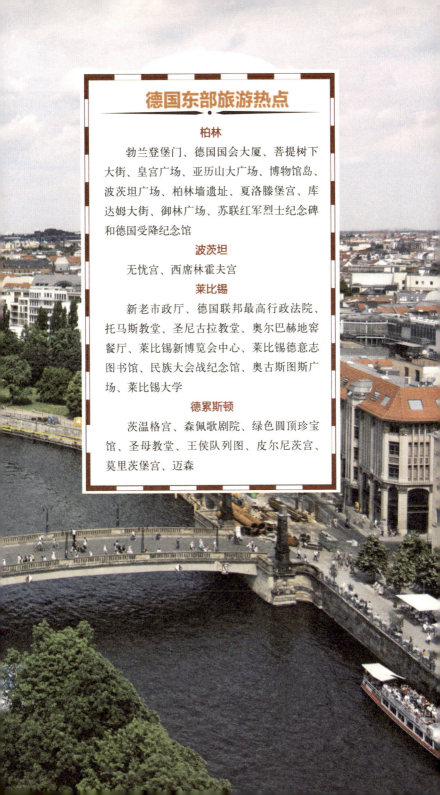

德国东部旅游热点

柏林

勃兰登堡门、德国国会大厦、菩提树下大街、皇宫广场、亚历山大广场、博物馆岛、波茨坦广场、柏林墙遗址、夏洛滕堡宫、库达姆大街、御林广场、苏联红军烈士纪念碑和德国受降纪念馆

波茨坦

无忧宫、西席林霍夫宫

莱比锡

新老市政厅、德国联邦最高行政法院、托马斯教堂、圣尼古拉教堂、奥尔巴赫地窖餐厅、莱比锡新博览会中心、莱比锡德意志图书馆、民族大会战纪念馆、奥古斯图斯广场、莱比锡大学

德累斯顿

茨温格宫、森佩歌剧院、绿色圆顶珍宝馆、圣母教堂、王侯队列图、皮尔尼茨宫、莫里茨堡宫、迈森

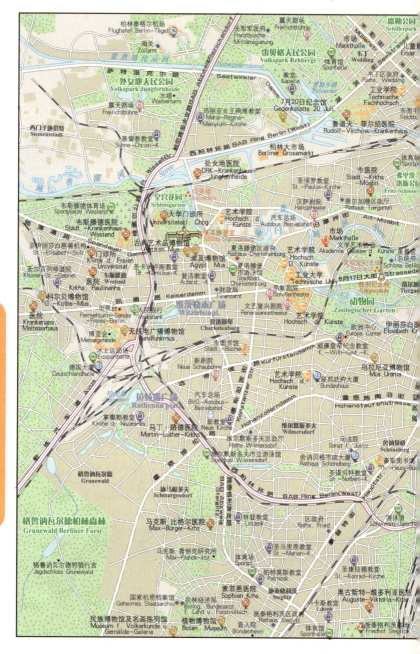

旅游资讯 地图导览

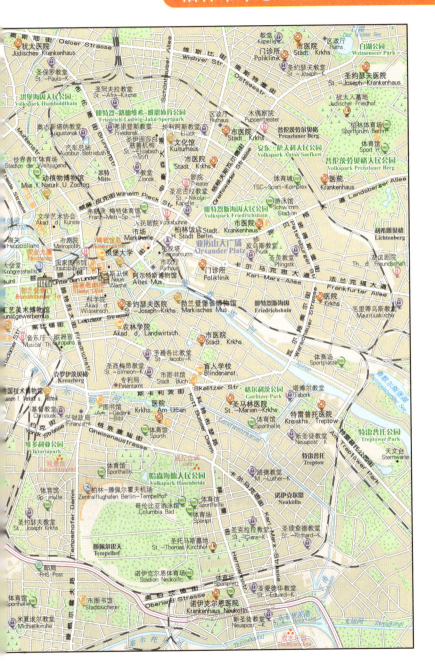

1. 柏林

柏林是德国古老而美丽的首都，城市四周被森林、湖泊、河流环抱。这座因政治因素而被铭记的城市，有太多的历史痕迹，巴洛克式风格的夏洛滕堡宫、乳白色花岗岩筑成的勃兰登堡门、博物馆岛上的古老建筑群、让人充满好奇的柏林墙遗址等，仿佛还在细说历史的风云。除了政治因素外，它对于多元文化的包容、兼容并蓄的风格，同样让人动容。漫步于繁华的库达姆大街、菩提树下大街，从高级菜品到高档时装，从时尚演绎到高端文化，从容的柏林，足以让人惊艳。

勃兰登堡门

勃兰登堡门，即凯旋门。柏林人把它称做德国的"命运之门"，它是德国重新统一的标志和象征，也是柏林举世闻名的标志性建筑。勃兰登堡门参考雅典卫城城门设计，门顶上是胜利女神驾驶四轮马车的青铜像。青铜像女神头带桂冠，背插双翅，手中握着的权杖上有橡树花环、铁十字勋章和展翅的雄鹰，这一切都象征着战争的胜利。勃兰登堡门作为德国历史兴衰的见证，一直备受关注。

贴士

勃兰登堡门是德国多项庆典活动的举办会场。最引人注目的是每年12月31日晚上的露天除夕新年晚会，当天可以看到盛大的现场表演。此外，每年7月在勃兰登堡门前的"六一七"大街举行的"爱的大游行"活动，也很受欢迎，这是世界上规模最大的电子音乐节之一。

勃尔登堡门

德国国会大厦

德国国会大厦位于柏林市中心，是德国的象征性建筑之一，建筑融合了古典式、哥特式、文艺复兴式、巴洛克式多种风格。如今的国会大厦不仅仅是联邦议会的所在地，更以其别具一格的穹形圆顶成为最受欢迎的游览圣地。在穹顶外的天台上可以全方位地观望柏林市景。

德国国会大厦

菩提树下大街

菩提树下大街修建于18世纪，是东柏林的黄金地段，因街道中间和两旁菩提树和栗树叶茂成荫而得名。这条宽广的林荫大道，东起皇宫广场，西至巴黎广场，大街两侧的新老建筑里既有俄、美、英、法四国的大使馆，又有国家图书馆、洪堡大学、新卫护宫、历史博物馆和国家歌剧院，还有联邦议员的办公大楼。

菩提树下大街

皇宫广场

皇宫广场在东德时期叫马恩广场，曾是东德领导人在重大节日阅兵或检阅群众游行队伍的地方。昂纳克时期在这里修建了"共和国宫"，后被民主德国政府拆除。如今重建的建筑仅复原旧皇宫的外貌，将取名"洪堡论坛",并与毗邻的博物馆一起构成"艺术世界"。在皇宫广场对面,还可以欣赏到宏伟的柏林大教堂。

皇宫广场和柏林大教堂

亚历山大广场

　　亚历山大广场被柏林人亲昵地称为"阿历克斯",为了纪念前来访问的沙皇亚历山大一世而得名。广场南侧有一座高约十米的"世界时标准钟",但最吸引人的还是位于广场西侧的柏林电视塔。电视塔是柏林最高的建筑,设有观光厅和旋转餐厅,登塔四望,可将柏林城的壮美风光尽收眼底。

　　乘电梯到达柏林电视塔的观景台约需40秒,观景台上有旋转餐厅,餐厅自转一周约需半小时,在这里可以看到城市壮观的景象。如果天气晴朗,可以看到更远处的风光。

柏林电视塔

博物馆岛

博物馆岛在柏林市中心，主要由老博物馆、新博物馆、佩加蒙博物馆、博德博物馆和老国家美术馆组成，拥有独一无二的艺术收藏品，集千年艺术成就于一体。整个建筑群作为一个整体已被列入世界文化遗产名录。小岛风景优美，施普雷河缓缓流过，吸引了众多艺术爱好者前来。

博德博物馆

波茨坦广场

波茨坦广场是德国统一的产物，也是柏林最有魅力的地方之一。广场内建起了大型购物中心、影院、剧场以及餐厅等，这种大融合形成了柏林现代化的经济和商业中心。值得一提的是，广场西面不远处便是著名的柏林爱乐交响乐音乐厅。波茨坦广场多姿多彩的生活，吸引着当地居民及游客前来。

柏林墙遗址

柏林墙遗址是"二战"结束后东西方冷战的产物，也是德国现代历史上重大事件的见证者。凡是到柏林参观游览的外国人，都想目睹一下这堵闻名的柏林墙。现在柏林墙保留了三处遗迹：第一处是世界最大的露天画廊——东边画廊；第二处是"查理检查站——柏林墙博物馆"，可以说这是世界上最小的博物馆；第三处是勃兰登堡门西侧在马路上标出原柏林墙走向的金属线。

柏林墙遗址

夏洛滕堡宫

　　夏洛滕堡宫始建于1665年，是一座巴洛克式宫殿，也是柏林地区保存最好、最重要的普鲁士国王宫殿建筑物。宫殿经重建后，现为一座美丽的博物馆。老宫殿和新厢房展出普鲁士国王和王后的居所、瓷器、绘画等艺术品，在新厢房还可以看到让人心动的洛可可式美术馆和奢华的白厅。宫殿西侧是大柑橘园，主要用于举办展览。静谧的朗汉斯楼，现为史前史与古代史博物馆。

库达姆大街

　　库达姆大街曾是连接王城宫邸和古纳森林狩猎宫的一条骑马沙路，现为柏林西部中心地带的繁华商业街，其地位相当于北京的王府井。绿树成行的街道通往西部，直达瀚蓝斯湖。这条街上分布着众多旅游景点和购物中心，是人们旅游观光、淘宝的好去处。

库达姆大街的欧罗巴中心

御林广场

御林广场

御林广场位于市中心，17世纪时原是一个集市广场，现为欧洲最美、最优雅的广场之一，也是游客的必游之地。广场正中央矗立着一个大理石席勒纪念像，广场周围分布着柏林音乐厅、德意志大教堂、法兰西大教堂以及酒店、餐厅、商店等建筑。繁华热闹的景象，令人流连忘返。

苏联红军烈士纪念碑和德国受降纪念馆

苏联红军烈士纪念碑在东、西柏林各有一处。西柏林的规模较小，纪念碑前的两辆苏军坦克特别醒目；东柏林的规模宏大，构成了一个公园，其主体是一座高塔，高塔内部墙壁上刻着所有在柏林战役中牺牲的苏联红军将士名字。

德国受降纪念馆原为苏军城防司令部区域内的纳粹德国代表签署无条件投降书的场所，至今仍保持原样供游人参观。人们不仅可以看到当时德军和盟军在场将领的座位安排，还可以从电影银幕上感受当时的气氛。

巴黎广场

2. 波茨坦

波茨坦坐落在柏林以西19千米的哈韦尔河畔，素有"宫殿和庭院城市"之美称，是勃兰登堡州的政治和文化中心，也是著名的旅游胜地。1317年才获城市地位，因远离公路而长期默默无闻。一百年后，横跨哈韦尔河的大桥建成，才为它的发展奠定了基础。1536年的一场大火和1618—1648年的30年宗教战争，使该城陷于被毁灭的边缘。后来选帝侯和普鲁士国王把波茨坦选中为避暑胜地，为它的发展提供了机会。具有"军人国王"之称的威廉一世把该城扩建为卫戍城，修建了许多营房和相应的卫戍教堂。继位的弗里德里希二世当政后大兴土木，不仅扩建了已有宫殿，还新建了"无忧宫"等恢宏的建筑和园林。1870—1871年的普法战争后，波茨坦经

波茨坦风光

历了一段繁荣时期。1918年德皇因"一战"失败而退位之后，该城失去了往日的显赫地位。但1945年盛夏，苏美英三国首脑聚会于此并签署了《波茨坦协定》，该会议规定战后德国由四国分区占领和共同管制，并为"二战"后欧洲格局作了安排。波茨坦因此而闻名于世。1990年，波茨坦的宫殿和庭院被列入了世界文化遗产名录。

无忧宫

无忧宫依照法国凡尔赛宫而建，为繁复的洛可可式风格，恢宏大气，足以和法国王室宫殿相媲美。景点主要包括"画廊"、"新宾楼"、"中国茶亭"、"和平教堂"、"花厅"等建筑，此外还有道路、喷泉、雕像、风车、花园和林地等组成的宫廷园林。建筑内部随处可见宫廷生活豪华的影子，在所有公开的房间中，皆保存并陈列了各种装饰品。

波茨坦无忧宫

西席林霍夫宫

西席林霍夫宫坐落在圣湖畔的花园北端，为波茨坦协议旧址，始建于1912年，为仿照英式乡村别墅建造的庄园式宫殿，以德皇威廉二世的女王储西席林公主的名字命名。它是一座赭墙红瓦的建筑，共有五个内院，因《波茨坦协定》在此签署而名声大噪。现在部分房间已辟为纪念馆，其中包括：诞生《波茨坦协定》的会议厅及斯大林、罗斯福和丘吉尔用过的房间。

西席林霍夫宫

莱比锡新音乐厅

3. 莱比锡

　　莱比锡位于今萨克森州西北部，是德国东部五个新州中人口最多的城市，也是前民主德国（东德）地区最重要的交通枢纽和经济中心。

　　莱比锡于1165年取得城市地位和集市贸易权，逐渐发展成为欧洲中部重要的商贸中心，是世界上最古老的博览会城市之一。历史上，它也是印刷业和书籍交易的中心，堪与美因河畔的法兰克福相比。莱比锡大学是继海德堡大学之后德国最古老的大学。该市也富有音乐传统，长期在这里生活、工作的音乐大师有巴赫和门德尔松。著名的莱比锡布商会乐团和托马斯教堂合唱团，就是这两位大师业绩的明证。大文豪歌德曾称赞莱比锡是"小巴黎"。

新老市政厅

　　老市政厅最初建于1556年，由时任莱比锡市长的营造师洛特设计和建造。其华美的钟楼最受瞩目，是德国最壮观的文艺复兴式建筑之一，也是莱比锡地标性建筑之一。现在的老市政厅已成为历史博物馆，拥有十分丰富的馆藏文物，其中还专

莱比锡老市政厅

为作曲家门德尔松开辟了一间展室。

　　新市政厅位于城堡广场，建成于1905年，在普莱森城堡的原址上建立，兼有后期文艺复兴和巴洛克建筑风格。城堡上的塔楼十分壮观，塔楼的圆顶下设有咖啡馆，人们可以在品尝饮料的同时鸟瞰市区景色。

德国联邦最高行政法院坐落在新市政厅斜对面，建筑宏伟。旧德国时期这里曾是高等法院，民主德国时期改为季米特洛夫博物馆的名号，东西德统一后，废除了季米特洛夫博物馆，把该建筑恢复为联邦行政法院院址。

莱比锡托马斯教堂

托马斯教堂

托马斯教堂始建于13世纪，在15世纪末扩建，并改观为哥特式风格。著名的作曲家巴赫曾在此担任乐长兼合唱指挥，为宗教和世俗音乐贡献了毕生精力，他精心培育的托马斯合唱团闻名天下。为纪念这位伟大的乐师，人们在教堂广场上竖起了他的塑像。在教堂庭院内巴赫雕像旁的商店里，还可以找到有关巴赫和托马斯教堂的资料。

圣尼古拉教堂

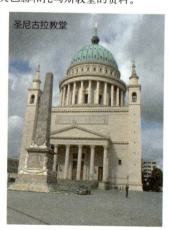

圣尼古拉教堂

圣尼古拉教堂是莱比锡市内最大、最古老的教堂，属于罗马式和后期哥特式风格的建筑。教堂内部装饰华丽，椰树状巨柱的设计让人印象深刻。圣殿内的晚期罗马式木质十字架，是莱比锡最古老的艺术品之一。圣尼古拉教堂和托马斯教堂都曾是巴赫的主要工作场所，巴赫的许多重要曲目都曾在这里进行首演。

旅游资讯 地图导览

奥尔巴赫地窖餐厅建于16世纪，这里提供的饭菜很不错，但它的知名度很大程度上要归功于歌德脍炙人口的诗篇《浮士德》。诗篇中所描绘的荒诞故事，让很多游客都充满了好奇。此外，莱比锡市的一些机构也常在这里宴请外宾，从而使这个地窖餐厅更加闻名于世。

奥尔巴赫地窖餐厅

奥尔巴赫地窖餐厅

莱比锡新博览会中心

莱比锡新博览会中心的外形设计迷人，拥有多功能的设施装备，是一个极具现代化的博览会和国际会议中心。新博览会中心最大的亮点是雄伟壮观的玻璃大厅，采用的是钢和玻璃结构的巧妙组合，在欧洲绝无仅有。中央"大堂"主导和连接着博览会的整个建筑群以及莱比锡国际会议中心。从中心向外望去，可以看到莱比锡博览会的标志——高80米的博览会塔柱，塔柱上安装的双重字母"M"是展会的徽标。现在的莱比锡博览会以国际汽车展、游戏展和书展为主。

莱比锡德意志图书馆

莱比锡德意志图书馆建成于1916年，收藏有1913年以来国内外出版的所有德文出版物，可以说是世界上最全的德语文字资料馆。此外，德意志图书馆内还有一个创立于1884年的博物馆，这个博物馆内展示有记录德语图书文化史的图书和稿件，于1950年迁入德意志图书馆。

民族大会战纪念馆

民族大会战纪念馆是一座雄伟且庄严的花岗岩纪念碑，为纪念战胜拿破仑100周年而建。登上纪念碑高达91米的观景平台，可眺望四周景色。纪念碑上有十座巨大的军人造型浮雕，用以让人铭记为战争而牺牲的将士。如今，这里被定义为一座欧洲和平纪念馆，经常会举办一些大型的活动及展览。

奥古斯图斯广场

奥古斯图斯广场位于市中心东南部，是德国最大的城市广场之一，它在原有广场的基础上改建而成。广场中央建有一个巨大的喷泉水池，周围分布有历史悠久的歌剧院和新布商大楼。此外，在广场歌剧院右侧有许多商店，其中青年学生们经常光顾的书店是弗朗茨·梅林书店。

莱比锡大学

莱比锡大学曾用名为"莱比锡卡尔·马克思大学"。东西德统一后改为现名。大学高楼上原有马克思、恩格斯的浮雕，后来大楼扩建时，把马克思、恩格斯的浮雕安置在校园的另一个地方。

奥古斯图斯广场

德国莱比锡大学

4. 德累斯顿

德累斯顿被赞誉为"易北河畔的佛罗伦萨",这里气候温和,易北河穿城而过,河两岸分布着众多精美的巴洛克式建筑。传统与现代在这里交汇,优美的易北河风光、绵延的别墅群和宏伟的宫殿,让这座城市更加美丽。

茨温格宫

茨温格宫兴建于奥古斯特大帝在位时期,为德国后期巴洛克式宫殿建筑的杰作。宫殿建筑规模庞大,西南面是正门,顶似王冠,故有王冠门之称,宫内随处可见精致的石雕。这座壮观华丽的宫殿并不是传统意义上的宫殿或寝宫,而是专供欢宴高朋宾客和收藏艺术精品的场所。作为德累斯顿的地标建筑,宫内还有古典大师绘画馆、军械馆、数学物理展览馆、瓷器馆以及雕塑馆这五座博物馆。

德累斯顿茨温格宫

森佩歌剧院

森佩歌剧院建于1841年，原为宫廷剧院，以建筑师的名字命名，是德累斯顿著名的建筑之一。"二战"期间歌剧院的主体建筑受过重创，后重建使用。金碧辉煌的剧院门厅、阶梯前厅和观众厅摄人心魄。德国著名的音乐家瓦格纳曾在此担任宫廷乐队指挥，他的部分作品曾在此首演。这里的乐队也是世界上历史最悠久、最优秀的乐队之一。

绿色圆顶珍宝馆

绿色圆顶珍宝馆是欧洲最大的珍宝馆之一，坐落在萨克森王侯世代居住和治理政事的原王宫西翼的绿色圆顶里，这里收藏并展出萨克森王室15—18世纪的众多珍贵饰物。在这个欧洲最大的珍宝馆展出的金银、宝石、象牙、琥珀及其他材料制成的精美艺术品，在战后曾一度客居苏联，直到2006年9月中旬才重返修复，并重新对公众开放。

德累斯顿绿色圆顶珍宝馆

德累斯顿圣母教堂

圣母教堂

圣母教堂是一座基督教教堂，是德国巴洛克建筑的艺术珍品。曾在战争中变为废墟，后在德国乃至世界各地的慷慨捐助下重建，从教堂的颜色可以识别出旧砖与新砖。教堂内部金碧辉煌，装饰新颖美观，几层座位上，人们可以居高临下地面对圣母像和布道坛，听牧师布道。

王侯队列图

王侯队列图在德累斯顿老城区，是一组刻画萨克森王室历代侯爵和国王列队前行的壮观壁画，体现了千年的历史进程。壁画由瓷砖组成，它能在战争中幸免于难，原封不动地保留给世人参观，可以说是一大奇迹。

皮尔尼茨宫

皮尔尼茨宫位于德累斯顿东南约15千米，坐落在易北河畔青山绿水之间，曾为萨克森王室的夏宫。宫内有水宫、新宫和山宫等建筑以及法式和英式园林设施。

莫里茨堡宫

莫里茨堡宫位于德累斯顿西北约14千米的莫里茨堡中，由莫里茨堡公爵建立，是一座四周环水的狩猎城堡。后经奥古斯特大帝改造为巴洛克式宫殿。宫殿造型独特，有四个圆顶角楼护卫，黄白相间的立面衬托在绿水蓝天之间，构成了一幅壮观的人间美景。

迈森

迈森位于德累斯顿市西北部约15千米，易北河旁，以出产白色瓷器著名，是德国的瓷都，被欧洲人称为"白色黄金"之乡。小城中的古瓷文化浓厚，随处可见与瓷相关的物件。标志性的建筑弗劳恩教堂上安装着陶瓷钟，古老的尼古拉教堂边有高大的瓷制塑像，最吸引人的瓷器作坊可以供人参观瓷器制作的全过程，在瓷器博物馆内还可以欣赏到众多不同年代的瓷器。

德累斯顿周边迈森

德国西部旅游热点

法兰克福

罗马广场、法兰克福市政厅、老尼古拉教堂、席尔恩艺术馆、圣巴托洛梅乌斯大教堂、保罗教堂、歌德故居、老歌德剧院

科隆

科隆大教堂、罗马-日耳曼博物馆、路德维希博物馆、巧克力博物馆、法里纳香水博物馆、大圣马丁教堂

波恩

老市政厅、贝多芬故居、选帝侯宫、波佩尔斯多夫宫、博物馆一条街

科布伦茨

德意志之角、圣卡斯托教堂、埃伦布赖特施泰因要塞、施托尔岑费尔斯城堡

特里尔

马克思故居、黑门、圣彼得大教堂、皇帝浴宫遗址

海德堡

海德堡老城、海德堡城堡、大酒桶、海德堡古桥

法兰克福 Frankfurt

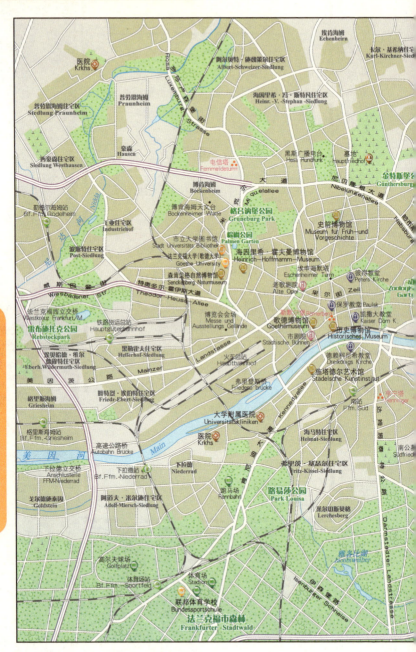

医院
Krkhs

普劳恩海姆住宅区
Siedlung Praunheim

普劳恩海姆
Praunheim

豪森
Hausen

西豪森住宅区
Siedlung Westhausen

阿尔贝特·德魏策尔住宅区
Albert-Schweizer-Siedlung

海因里希·冯·斯特凡住宅区
Heinr.-V.-Stephan-Siedlung

埃肯海姆
Echenheim

卡尔·基希纳住宅
Karl-Kirchner-Siedl

黑斯广播电台
Hess Rundfunk

墓地
Hauptfriedhof

金特斯堡
Günthersburg

电信塔
Fernmeldeturm

勒德尔海姆站
Bf.Ffm.Rodelheim

工业住宅区
Industriehof

波斯特住宅区
Post-Siedlung

博肯海姆
Bockenheim

博肯海姆天文台
Bockenheimer Warte

格吕讷堡公园
Gruneburg Park

史前博物馆
Museum fur Früh-und
Vorgeschichte

市立大学图书馆
Stadt Universitäts Bibliothek

棕榈公园
Palmen Garten

法兰克福大学(歌德大学)
Goethe University

森肯贝格自然博物馆
Senckenberg Naturmuseum

海因里希·霍夫曼博物馆
Heinrich-Hoffmamm-Museum

埃申海默塔
Eschenheimer Turm

彼得教堂
Peters Kirche

动物园
Zoologis
Garte

威斯巴登大道
Wiesbadener Str.

特奥多尔·霍伊斯大道
Theodor-Heuss-Allee

博览会会场
Messe und
Ausstellung.Gelande

老歌剧院
Alte Oper

采尔
Zeil

歌德博物馆
Goethemuseum

庞贝广场 Bornheim

保罗教堂
Paulsk

凯撒大教堂
Kaiser Dom K

历史博物馆
Historisches Museum

法兰克福西立交桥
Westkreuz Frankfurt/M.

铁路货运站
Hauptguterbahnhof

雷布施托克公园
Rebstockpark

黑勒霍夫住宅区
Hellerhof-Siedlung

埃贝哈德·维尔德穆特住宅区
Eberh.Wildermuth-Siedlung

美因茨公路
Mainzer

市剧院
Städtische Bühnen

德赖柯尼希教堂
Dreikönigs Kirche

施塔德尔艺术馆
Städelsche Kunstinstitut

格里斯海姆
Griesheim

腓特烈·埃伯特住宅区
Friede-Ebert-Siedlung

火车总站
Hauptbahnhof

弗里登斯桥
Friedens brücke

格里斯海姆站
Bf.Ffm.Griesheim

大学附属医院
Universitätskliniken

医院
Krkhs

海马特住宅区
Heimat-Siedlung

南站
Ffm.Sud

矢车菊塔
Fennriger

高速公路桥
Autobahn Brücke

下拉德立交桥
Anschlustelle
FFM-Niederrad

下拉德站
Bf.Ffm.-Niederrad

下拉德
Niederrad

弗里茨·基瑟尔住宅区
Fritz-Kissel-Siedlung

路易莎公园
Park Louisa

莱尔切斯贝格
Lercheberg

南公路
Sudric

美因河
Main

戈尔德施泰因
Goldstein

阿道夫·米尔施住宅区
Adolf-Miersch-Siedlung

跑马场
Rennbahn

雅各比湖
Jacobiweiher

高尔夫球场
Golfplatz

体育站
Bf.Ffm.-Sportfeld

体育场
Stadion

联邦体育学校
Bundessportschule

法兰克福市森林
Frankfurter-Stadtwald

伊森布尔公路
Isenbuter Schneise

达姆施塔特公路
Darmstadter Landstrasse

旅游资讯　地图导览

148

1. 法兰克福

法兰克福临近美因河与莱茵河的交汇点，是德国的金融中心之一，这座极具传统和充满现代感的城市，集商业与艺术于一体，充满了多元化的魅力。法兰克福是国际会议中心，每年至少有50000个会议在这里召开，这里还是世界图书业的中心，每年都会举行世界有名的书展。

罗马广场

罗马广场曾是古代的集市中心，如今只在圣诞节前才开设集市。这里是外国游客必去的地方，集中了法兰克福的众多精华景点，人们喜欢在这里拍照留念。广场中心有个"正义喷泉"，手持天平的女神像象征着公正。在广场周围有市政厅、老尼古拉教堂和席尔恩艺术馆以及七座漂亮的衍架房屋，其底层是咖啡馆或出售旅游纪念品的商店。

罗马广场上的旧市政厅

法兰克福市政厅

法兰克福市政厅位于罗马广场西北角上，由三座哥特式房屋组成，与其相连的三角山墙已成为法兰克福市的地标之一。一层有罗马人大厅和市政厅酒馆等；二层是皇帝大厅，曾是罗马帝国皇帝举行加冕典礼的地方；三层分布着市政府、议会和市长办公室以及用做特殊庆典和招待会的大厅。

贴士

市政厅内有个原作为皇帝加冕仪式后的宴会厅，现在为接待大厅。这里也是德国国家足球队凯旋和球迷狂欢的地方，在二楼有徽章图纹装饰的露台，德国国家足球队的球员们在这里与市民见面，接受市民的欢迎。

老尼古拉教堂

老尼古拉教堂始建于1250年，为后期哥特式教堂。教堂外观红白相间，最初用于宫廷的礼拜堂，后成为城市议员的弥撒和祷告堂。站在教堂的楼顶上可以看到罗马广场的游行表演。教堂最吸引人的是每天定时演奏民歌曲调的钟声。此外，每年11月会在这里举办法兰克福国际图书博览会。

老尼古拉教堂

席尔恩艺术馆

席尔恩艺术馆建于1986年，位于席尔恩街上，是德国重要的展览馆之一。该馆并不以拥有馆藏艺术品出名，而是以举办了许多专题展和回顾展而受到人们关注，每年都会吸引很多艺术爱好者前来参观。此外，艺术馆内还设有艺术书店，方便人们阅读和购买书籍。

旅游资讯 地图导览

圣巴托洛梅乌斯大教堂

圣巴托洛梅乌斯大教堂又叫多姆大教堂或皇帝教堂，建筑为哥特式风格，因德国多位皇帝在此举行加冕典礼而出名。大教堂虽几经战火，但仍屹立不倒。在教堂的宝库内，可以看到当时大主教们在加冕典礼时所穿的华丽衣袍。

圣巴托洛梅乌斯大教堂

保罗教堂

保罗教堂离罗马广场不远，建于1789—1833年间，现在的保罗教堂靠战后募捐重建而来，已经失去了原有的宗教色彩，被辟为德国自由和民主的纪念馆。除作为常设展馆介绍德国资产阶级民主革命中第一届国民大会的历史及其失败的教训外，还用做重大节庆活动和高级别集会的场所。游客可以自由进出，在展厅里通过按钮可以听取自动的中文介绍。

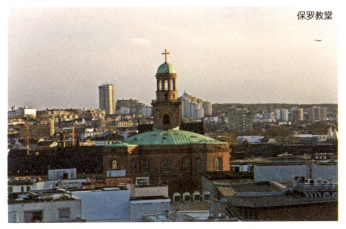
保罗教堂

歌德故居

歌德故居原建于17世纪，在"二战"中几乎完全被破坏，战后经修复后才又与人们见面。故居的布置反映了18世纪富有市民阶级的生活方式，故居内陈设的部分家具为歌德家里的原物，歌德青少年时居住过的四层楼房已辟为纪念馆。故居旁边的歌德博物馆珍藏有许多歌德著作的初版本、图片、书信等实物，再现了歌德的生活与创作过程。此外，魏玛还有一座歌德故居，展品比较丰富，也可以反映歌德生活与创作的全貌。

法兰克福歌德故居

老歌德剧院

老歌德剧院是法兰克福市的地标建筑之一，原为新文艺复兴式风格，曾毁于战火，重建后的风格为后期古典主义。现在主要作为会议中心和音乐厅，内部结构设计独到，根据用途分为不同的厅堂。

有名的饕餮胡同就在歌剧广场和证券所街之间的街区，这里林立着各种咖啡馆、餐厅及美食店，可以让人大饱口福。此外，这里每年9月还会举办葡萄酒节。

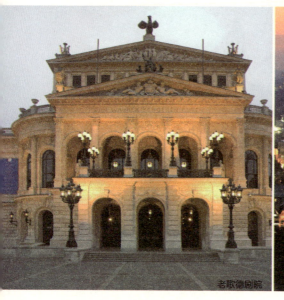

老歌德剧院

2. 科隆

　　科隆位于莱茵河畔，是欧洲东西、南北的交通要冲，同时也是著名的香水产地、花露水发明地，著名的古龙水就源自科隆。这里随处可见罗马时代和中世纪时期的建筑，其中包括举世闻名的科隆大教堂。科隆还是一个生机勃勃的艺术和文化中心，这里是德国狂欢节的中心之一。

科隆大教堂

　　科隆大教堂耸立在莱茵河畔，紧临科隆老城区，是科隆市的标志，也是去科隆的游客必到之地。教堂用砂岩建成，饰有宗教故事的彩画玻璃窗面积很大，是德国最大和最完美的哥特式教堂，与巴黎圣母院和罗马圣彼得大教堂

贴士

　　想要从游览中收获更多知识与乐趣，可以花0.7欧元买本有关教堂信息的宣传手册，也可以参加旅行社组织的带导游的团队游览。

并称为欧洲三大著名宗教建筑。大教堂的地下室经过修缮后，现辟为"科隆大教堂珍宝馆"，里面展有天主教宗教仪式器具、圣物容器和十字架等藏品。

科隆大教堂

罗马-日耳曼博物馆

罗马-日耳曼博物馆

罗马-日耳曼博物馆建于1974年，整幢建筑围绕酒神马赛克镶嵌地板画而建，集研究中心、科隆考古档案馆和公共收藏馆于一身。馆内收藏有科隆地区从史前时代到中世纪的考古发现，展示了欧洲以及莱茵地区的史前史、罗马帝国文化艺术史、法兰克王国和科隆市的历史等，重点是再现了罗马帝国时期人们的生活境况。

贴士

罗马-日耳曼博物馆中最著名的展品有罗马的马赛克和重建的罗马军团士兵波普里修斯的墓地。世界上最大的罗马玻璃器皿藏馆以及古罗马和中世纪早期的装饰物是整个展览中的精华部分，可以从中全面了解古罗马人。

路德维希博物馆

路德维希博物馆位于科隆大教堂附近，以收藏和展出当代美术作品为主，是一处现当代艺术胜地。博物馆主要展示了毕加索等法国艺术家的作品，以及德国表现艺术派、俄国先锋派、超现实主义派流行艺术绘画和版画、

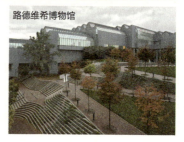

路德维希博物馆

摄影作品等。此外，它也是除了巴黎毕加索博物馆和西班牙毕加索博物馆外，收集毕加索作品最多的博物馆。

巧克力博物馆

　　巧克力博物馆展品丰富，是一个将古老建筑艺术和现代建筑风格完美结合在一起的博物馆。它的展示区主要分为两大部分，一部分主要展示巧克力的发展历程，以及可可的种植过程和早期制作巧克力所用的设备；另一部分是一个小型的巧克力加工厂，全面展示了工厂采用现代化工艺生产出特色巧克力的过程。走进博物馆，巧克力的香醇扑鼻而来，让人精神振奋。

巧克力博物馆

科隆香水

法里纳香水博物馆位于法里纳历史故居中，这里生产的香水曾遍布全球。"二战"结束后，法里纳公司将生产基地搬往科隆南部，公司总部仍保留在此，并设立了法里纳香水博物馆。博物馆有三层，主要展示了香水的起源和300年的香水文化发展过程。在这里参观，可以看一看制作香水的昂贵原料，认识香水的制造过程与种类，还可以购买各种与香水相关的产品。

大圣马丁教堂位于莱茵河畔，最初建于12—13世纪，是一座罗马天主教教堂，以其宏伟壮观的四分基塔顶和三叶草状的地面形状而闻名。教堂曾遭受自然灾害与战火地摧残，现在所见的建筑为19世纪修复的建筑。除建筑物的外观被修复外，建筑物内部的装潢仍保留着旧时斑驳的样貌，地下墓室仍旧保留着公元

大圣马丁教堂

1—2世纪罗马时期建筑的遗址。大圣马丁教堂和科隆大教堂并肩而立，是莱茵河畔一道亮丽的美景。

旅游资讯 地图导览

156

3. 波恩

波恩是一座富有文化底蕴、整洁、幽静的古城，不管去哪一个联邦部，坐车只需20分钟即可抵达。波恩虽小，游览景点却很丰富，著名的贝多芬故居、巴洛克风格的老市政厅、馆藏丰富的博物馆一条街，每年都吸引着很多人慕名来到这里。

波恩大教堂

老市政厅

老市政厅坐落在市中心集市广场一侧，建于1737-1738年，建筑主体为巴洛克式风格，是波恩市的地标性建筑。整座建筑呈粉红色，上面用银色和金色作装饰。从戴高乐到肯尼迪等多位政治家都曾在老市政厅的双面楼梯上向群众挥手致意。外国国家元首访问波恩时，一般都要前往市政厅，在金色贵宾簿上签名留念。在这个市政厅前面的集市广场上，人们可欣赏到"波恩之夏"的露天文艺节目演出。

德国波恩老市政厅

贝多芬故居

贝多芬故居在一条小巷里，1782年迁居维也纳之前，贝多芬一直居住在这里。现故居已开辟为纪念馆，纪念馆分为：贝多芬在波恩、贝多芬在维也纳以及档案部分。这里是所有贝多芬博物馆中收藏最丰富最完整的一间，通过展览可以了解贝多芬的生平，看到他的乐谱手稿、他用过的钢琴以及他曾经的随身物品和一些信件。在一楼还有个房间，可以供人们静听贝多芬的钢琴曲。

德国贝多芬故居

贴士

波恩每年都会举办贝多芬音乐节。德国人视贝多芬为德国和波恩的骄傲，在波恩明斯特广场上建有贝多芬纪念铜像，以供游人瞻仰。莱茵河畔有现代化的贝多芬音乐厅，音乐厅前有一座别具一格的贝多芬头像。

选帝侯宫

选帝侯宫是一座后期巴洛克式的宏伟建筑，距离集市广场很近。它建成于18世纪初，曾是选帝侯约瑟夫·克莱门斯的宫殿，后来进行了扩建。从1818年开始，这座气派的建筑成为波恩大学的一部分。宫邸南面通向广阔的宫殿花园，那里是学生最喜欢的聚集地。

德国波恩选帝侯宫

波佩尔斯多夫宫

波佩尔斯多夫宫建于1715−1730年，是一座巴洛克式建筑，原为选帝侯克莱门斯·奥古斯特的夏宫，与选帝侯宫仅隔一条林荫大道。从1818年开始，波佩尔斯多夫宫连同广阔的花园和植物园一起成为了波恩大学的一部分。古老的楼房在"二战"中遭到破坏，战后只重建了一部分，如今被用做大学矿物岩石博物馆。

波佩尔斯多夫宫

博物馆一条街

博物馆一条街在原联邦议会大楼和总理府近旁，人们称之为"博物馆一英里"。这里主要集中了五个著名的博物馆，它们分别是波恩艺术博物馆、德意志联邦共和国历史馆、德意志博物馆波恩分馆、亚历山大·柯尼希博物馆、德意志联邦共和国艺术和展览大厅。

波恩艺术博物馆

波恩艺术博物馆始建于1989年，馆内主要展出的是莱茵地区表现主义作品和1945年以后的德国艺术作品。博物馆前耸立着16根大铁柱，象征着统一后德国的16个州。

德意志联邦共和国历史馆

德意志联邦共和国历史馆建于1994年，通过丰富的实物和史料及视频资料展现了"二战"后德国政治、经济和社会的发展变迁。

德意志博物馆波恩分馆

德意志博物馆波恩分馆是慕尼黑德意志博物馆的分馆，主要展出德国现代技术和自然科学的研究成果，其中还包括诺贝尔奖获得者的杰出贡献。

亚历山大·柯尼希博物馆

亚历山大·柯尼希博物馆是由动物学家和收藏家柯尼希于1912年创建的动物学博物馆。馆内收藏各种昆虫、飞禽及爬行动物的标本百万余件。

德意志联邦共和国艺术和展览大厅

德意志联邦共和国艺术和展览大厅也称联邦艺术大厅，建于1992年，经常举办各种国际性展览，内容涵盖造型艺术、建筑、科技等方面。2006年曾在这里举办《西安——冥府的皇权》展览。

4．科布伦茨

科布伦茨已有2000多年的历史，地处莱茵兰—普法尔茨州境内，坐落在摩泽尔河和莱茵河的交汇处，曾是西罗马帝国时期的军队补给中心和要塞。中世纪时德皇将科布伦茨赠给了特里尔大主教，后来科布伦茨的莱茵河地区曾是德法两国拉锯战的地方，时而被法国占领，时而又回到德国怀抱。1815年并入普鲁士王国后成为军事重镇，曾由王太子担任驻防司令官，太子后来成了德皇威廉一世。该市现为莱法州第三大城市、行政管理中心和莱茵河中游地区文化中心，一些联邦和州的机构设在这里，如联邦国防军最大的营房和国家档案馆等。从宾根到科布伦茨的莱茵河中上游河谷风景秀美，古堡林立，独特的自然和人文景观吸引着无数游客。

德国科布伦茨风光

科布伦茨市德意志之角

德意志之角

　　德意志之角位于摩泽尔河与莱茵河汇合处的三角洲中，是科布伦茨的地标之一，也是当地吸引游客的重要景点。这里有一座1993年德国统一后重新修复的威廉一世铜像，站在铜像的基座上向远处眺望，可俯瞰莱茵河谷最秀美的风光。柏林墙拆除后，人们为了强化东西德统一的象征，把从柏林墙拆下来的两块水泥板也竖立在这里，警示人们不要忘记德国分裂的惨痛历史教训。

圣卡斯托教堂

　　圣卡斯托教堂是一座罗马式风格的牧师会教堂，原建于公元817–836年。11—13世纪，教堂扩建到今天的规模，东西两端共有四座巍峨的罗马式塔楼，其中厅和唱诗班的星形穹顶为哥特式风格。

圣卡斯托教堂

埃伦布赖特施泰因要塞

　　埃伦布赖特施泰因要塞是建立在莱茵河右岸山坡上的军事要塞，与德意志之角隔河相望。要塞始建于11世纪初，现存的庞大设施建于

1815—1834年，居高临下的地势不仅可以监视航道，还能将科布伦茨全景尽收眼底。科布伦茨州立博物馆设于要塞之中，主要展示的是该地区工业技术的历史和成

埃伦布赖特施泰因要塞

施托尔岑费尔斯城堡

施托尔岑费尔斯城堡坐落在莱茵河畔，距离科布伦茨市中心约12千米。城堡原建于13世纪中叶，后被法军摧毁。现在的哥特式城堡于1836年在废墟上重建，十分壮观。威廉五世国王曾在此居住和宴请宾客。城堡里的骑士大厅、庭院和小教堂可供游人参观。大厅里展出有古代兵器装备和酒具等藏品，国王居室展现了19世纪王室的豪华装饰和壁画。

5. 特里尔

特里尔是德国最古老的城市之一，位于摩泽尔河右岸，城外环绕着青山绿水，山坡上种满了葡萄，自然风景优美。漫步在这个古城的街巷，可以欣赏到罗马式、哥特式、文艺复兴式和巴洛克式等不同风格的建筑，仿佛进入了一座琳琅满目的古建筑博物馆。

马克思故居

马克思故居为一座巴洛克式风格的房子，是马克思诞生的地方。该故居曾由德国社会民主党收购并恢复了原貌，现由社民党的智库艾伯特基金会管理，对外开放并展出一系列马克思的生平作品。展品中可以看到马克思著作的早期译本，包括《共产党宣言》。

施托尔岑费尔斯城堡

黑门

黑门是特里尔市的象征，建于公元2世纪末。它由砂岩方石堆砌而成，并用铁箍固定，是当年壮观城墙的一部分。砂岩经过岁月的打磨以及常年的风化作用而逐渐变成黑色，中世纪时改称为黑门。登上城门远眺，可以饱览全市的美丽景色。

圣彼得大教堂

圣彼得大教堂位于特里尔市中心集市广场东侧，在一座古罗马时期的宫殿的基础上修建而成。现在的大教堂建成于11—12世纪，但仍保留了古罗马建筑的核心部分。教堂内的交叉拱顶为哥特式风格，唱诗班堂为罗马风格，两者形成了鲜明的对比。大教堂的南面，在13世纪时被哥特式圣母教堂所取代。

圣彼得大教堂

皇帝浴宫遗址建于公元4世纪，为康斯坦丁大帝下令修建的豪华浴宫，设有热水浴、冷水浴、游泳池等洗浴场所，现仅留下残垣断壁。在遗址附近还有建于公元2世纪供平民使用的芭芭拉浴场遗址。

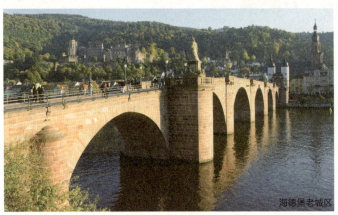

海德堡老城区

6．海德堡

海德堡位于法兰克福和斯图加特之间，坐落在莱茵河支流内卡河畔，是德国一颗耀眼的旅游明珠。城市被青山绿水所环绕，拥有古堡、石桥、白墙红瓦的老城建筑，到处都弥漫着浪漫和迷人的气息。在它几百年的历史中，曾受到许多诗人、艺术家和哲学家的青睐，歌德、康德和舒曼都为其优美的风景所倾倒，美国作家马克·吐温称海德堡是他去过的最美的地方。

海德堡老城

海德堡老城地处内卡河南岸，傍河而建，呈长条形。老城内的街道、小巷和建筑都保留了原来的古朴风貌。其中主街为步行街，与内卡河平行。街东端的集市广场是老城的市中心，周围分布着市政厅、谷物广场、圣灵大教堂和骑士之家等景点。漫步于老城内，古朴的气息与现代化的节奏相互融合，让人在放松身心时，也会有一种美不胜收的感觉。

海德堡城堡

海德堡城堡始建于13世纪，原是选帝侯宫殿的遗址。马克·吐温曾形容它为："残破而不失王气，如同暴风雨中的李尔王。"城堡由红色

海德堡城堡

沙石所建，将哥特式、巴洛克式和文艺复兴式建筑风格巧妙结合，是海德堡的标志。建筑群主要由弗里德里希楼、玻璃大厅、鲁普雷希特楼等组成，多数房间可供参观，未修复部分仍保持为残垣断壁的景象，让人明白这座饱经风霜的城堡遗址之珍贵。站在城堡里可俯视内卡河和海德堡老城的美丽景观。

大酒桶

　　大酒桶是海德堡市一个独特的景观，据说这是世界上最大的木制葡萄酒酒桶，由130根橡树板箍成。从大酒桶一侧狭窄的楼梯走上去，围绕酒桶走一周，再从酒桶的另一侧走下来，相当于爬了两层楼梯。参观完酒桶以后，可以在酒窖里品尝多种当地葡萄酒，其甘醇的味道让人久久不能忘怀。

海德堡古桥

　　海德堡古桥建于18世纪，由选帝侯卡尔·特奥多所建，亦称为"卡尔·特奥多桥"。这是一座有九个桥拱的石桥，跨越内卡河南北两岸。河南岸桥头屹立着一座桥头堡，与山上的海德堡城堡遥相呼应。桥上有两座雕像，靠南岸的是选帝侯卡

海德堡古桥

尔·特奥多，靠北岸的是智慧女神雅典娜。据说歌德非常喜欢这座古桥，而诗人荷尔德林也曾为它写过颂歌。

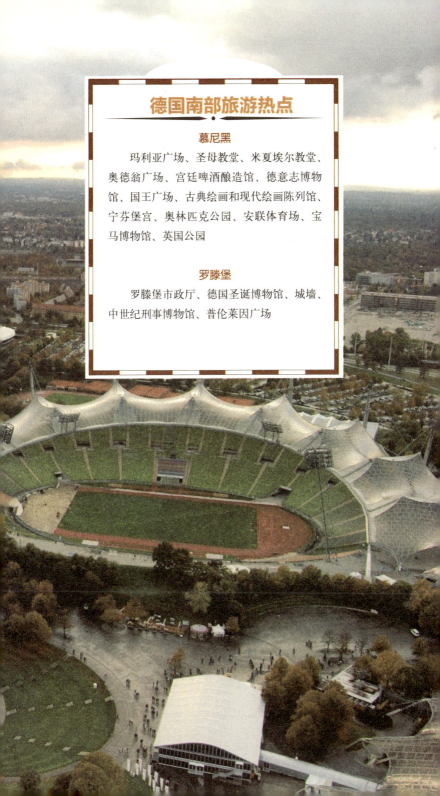

德国南部旅游热点

慕尼黑

玛利亚广场、圣母教堂、米夏埃尔教堂、奥德翁广场、宫廷啤酒酿造馆、德意志博物馆、国王广场、古典绘画和现代绘画陈列馆、宁芬堡宫、奥林匹克公园、安联体育场、宝马博物馆、英国公园

罗滕堡

罗滕堡市政厅、德国圣诞博物馆、城墙、中世纪刑事博物馆、普伦莱因广场

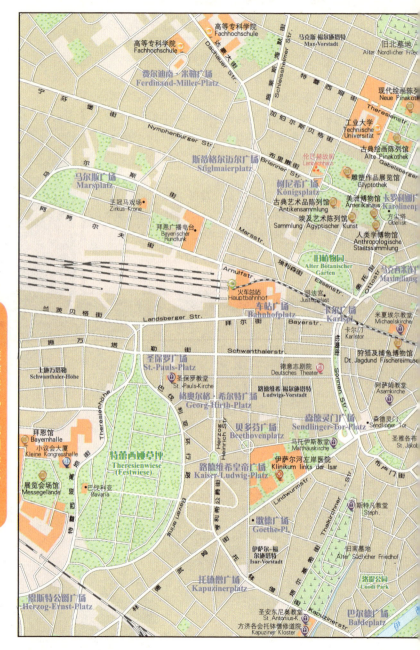

高等专科学院
Fachhochschule

高等专科学院
Fachhochschule

马克斯·福尔德塔特
Max-Vorstadt

旧北墓地
Alter Nördlicher Fried

费尔迪南·米勒广场
Ferdinand-Miller-Platz

现代绘画陈列馆
Neue Pinakothek

Theresienstr.

工业大学
Technische
Universität

Nymphenburger Str.

斯蒂格尔迈尔广场
Stiglmaierplatz

古典绘画陈列馆
Alte Pinakothek

伦代赫故居
Lenbachhaus

Gabelsberger

马尔斯广场
Marsplatz

柯尼希广场
Königsplatz

雕塑作品展览馆
Glyptothek

古典艺术品陈列馆
Antikensammlung

美洲博物馆
Amerikahaus

卡罗利娜广
Karolinen

王冠马戏场
Zirkus Krone

埃及艺术陈列馆
Sammlung Ägyptischer Kunst

方尖塔
Obelisk

拜恩广播电台
Bayerischer
Rundfunk

Maxstr.

人类学博物馆
Anthropologische
Staatssammlung

阿努尔夫街

旧植物园
Alter Botanischer
Garten

马克西米连街
Maximiliansp

Arnulfstr.

Elisenstr.

Ottostr.

火车总站
Hauptbahnhof

司法宫
Justizpalast

卡尔广场
Karlspl.

米夏埃尔教堂
Michaelskirche

车站广场
Bahnhofplatz

Bayerstr.

卡尔门
Karlstor

Landsberger Str.

拜尔街

珍珠街

Sonnen Str.

狩猎及捕鱼博物馆
Dt. Jagd und Fischereimuse

Schwanthalerstr.

阿萨姆教堂
Asamkirche

上德万塔勒
Schwanthaler-Höhe

圣保罗广场
St.-Pauls-Platz

圣保罗教堂
St.-Pauls-Kirche

德意志剧院
Deutsches Theater

路德维希·福尔德塔特
Ludwigs-Vorstadt

格奥尔格·希尔特广场
Georg-Hirth-Platz

森德灵门广场
Sendlinger-Tor-Platz

森德灵门
Sendlinger Tor

Theresienhöhe

Herzog-Heinrich Str.

拜恩馆
Bayernhalle

小议会大厦
Kleine Kongresshalle

贝多芬广场
Beethovenplatz

马托伊斯教堂
Matthäuskirche

圣雅各布
St. Jakob

特蕾西娅草坪
Theresienwiese
(Festwiese)

路德维希皇帝广场
Kaiser-Ludwig-Platz

伊萨尔河左岸医院
Klinikum links der Isar

展览会场馆
Messegelände

巴伐利亚
Bavaria

Bavariaring

Lindwurmstr.

斯特凡教堂
Steph.

Thalkirchner Str.

歌德广场
Goethe-Pl.

伊萨尔·福尔德塔特
Isar-Vorstadt

旧南墓地
Alter Südlicher Friedhof

洛提公园
Luodi Park

恩斯特公爵广场
Herzog-Ernst-Platz

托钵僧广场
Kapuzinerplatz

巴尔德广场
Baldeplatz

圣安东尼奥教堂
St. Antonius-K.

Kapuzinerstr.

方济各会托钵僧修道院
Kapuziner Kloster

伊萨

168

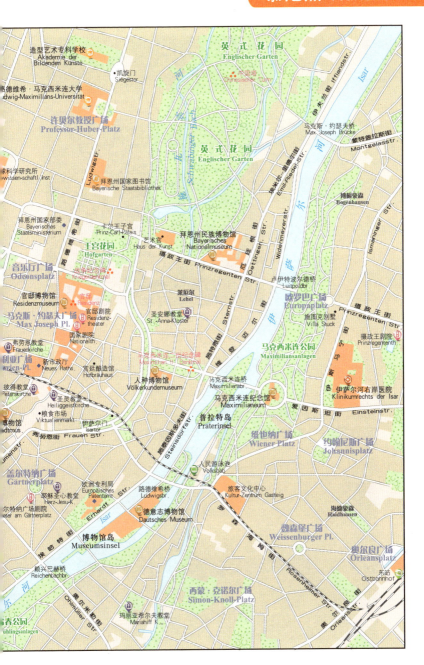

造型艺术专科学校
Akademie der
Bildenden Künste

凯旋门
Siegestor

路德维希·马克西米连大学
Ludwig-Maximilians-Universität

英式花园
Englischer Garten

伊萨尔 Isar

法国塔
Französischer Turm

河

许贝尔教授广场
Professor-Huber-Platz

英式花园
Englischer Garten

Schwabinger Bach

马克斯·约瑟夫桥
Max Joseph Brücke

蒙特盖拉斯街
Montgelasstr.

求科学研究所
wissen-schaftl. Inst

Ludwigstr.

拜恩州国家图书馆
Bayerische Staatsbibliothek

埃米尔·里德尔街
Emil-Riedel-Str.

博根豪森
Bogenhausen

Ismaninger Str.

拜恩州国家部委
Bayerisches
Staatsministerium

卡次王子宫
Prinz-Carl-Palais

艺术宫
Haus der Kunst

拜恩州民族博物馆
Bayerisches
Nationalmuseum

摄政王街 Prinzregenten Str.

Oettinger Str.

Widenmayerstr.

伊萨尔

东

音乐厅广场
Odeonsplatz

主宫花园
Hofgarten

克略堡门厅
Krebsbahn Portal

卢伊特波尔德桥
Luitpoldbr.

欧罗巴广场
Europaplatz

摄政王街 Prinzregenten Str.

官邸博物馆
Residenzmuseum

马克斯·约瑟夫广场
Max Joseph Pl.

宫邸剧院
Residenz-
theater

莱厄尔
Lehel

圣安娜教堂
St.-Anna-Kloster

Sternstr.

施图克别墅
Villa Stuck

摄政王剧院
Prinzregenth.

弗劳恩教堂
Frauenkirche

arden-Pl.

国家剧院
Nationalth.

新市政厅
Neues Rath.

普拉内尔大街
Maximilian-Denkm.

马克西米连公园
Maximiliansanlagen

彼得教堂
Peterskirche

圣灵教堂
Heiliggeistkirche

宫廷酿造馆
Hofbräuhaus

人种博物馆
Völkerkundemuseum

马克西米连桥
Maximiliansbr.

伊萨尔河右岸医院
Klinikumrechts der Isar

爱因斯坦街 Einsteinstr.

物馆
dtmus

粮食市场
Viktualienmarkt

伊萨尔门
Isartor

马克西米连纪念馆
Maximilianeum

弗劳恩街 Frauen Str.

Steinsdorfstr.

普拉特岛
Praterinsel

维也纳广场
Wiener Platz

约翰尼斯广场
Johannisplatz

盖尔特纳广场
Gärtnerplatz

欧洲专利局
Europäisches
Patentamt

耶稣圣心教堂
Herz-Jesu-K.

路德维希桥
Ludwigsbr.

人民游泳池
Volksbad

旅客文化中心
Kultur-Zentrum Gasteig

尔特纳广场剧院
ter am Gärtnerplatz

Erhardtstr.

Isar

德意志博物馆
Dautsches Museum

海德豪森
Haidhausen

魏森堡广场
Weissenburger Pl.

博物馆岛
Museumsinsel

河

赖兴巴赫桥
Reichenbachbr.

奥尔良广场
Orleansplatz

尔

春公园
ühlingsanlagen

Ohlmüllerstr.
奥尔米勒街

西蒙·克诺尔广场
Simon-Knoll-Platz

玛丽亚希尔夫教堂
Mariahilf K.

Rosenheimer Str.

火站
Ostbahnhof

1. 慕尼黑

慕尼黑是德国的第三大城市，走进这座城市，哥特式、古罗马式、巴洛克式古建筑与各式现代化的建筑一座连一座，仿佛走进了建筑历史的长廊。博物馆是慕尼黑不可或缺的一部分，穿行于各个博物馆之间，让人如同在历史与现代间游走。此外，一年一度的啤酒节让整个城市都沉浸在欢乐的气氛中。

慕尼黑市政厅

玛利亚广场

玛利亚广场位于慕尼黑老城的中心，每天游人如织，热闹非凡。广场中央的玛利亚圆柱上竖立着玛利亚的雕像，北侧耸立着新市政厅，东侧有老市政厅和彼得教堂等古老建筑。新市政厅前的青铜鱼喷泉是慕尼黑所有喷泉中历史最悠久的一个。

玛利亚广场

圣母教堂

圣母教堂建于15世纪，是南德地区最大的哥特式教堂之一。红褐色的砖石外墙不加装饰，教堂内也朴实无华。虽然没有奢华的装饰，但丝毫不影响其受关注程度。教堂最吸引人的是两座冠以葱头状的圆顶塔楼，它们是慕尼黑的地标建筑。在南侧教堂里有路得维希皇帝的墓碑，十分引人注目。地下室里则有维特尔斯巴赫家族成员和主教的坟墓。

圣母教堂

米夏埃尔教堂

米夏埃尔教堂建于16世纪，是阿尔卑斯山以北地区最早的文艺复兴式教堂建筑之一。取名于教堂守护神米夏埃尔，是一座天主教耶稣会的教堂。巨大的中堂和长跨度的拱顶，显得非常庄严肃穆。教堂地下室是维特尔斯巴赫家族成员以及路德维希二世国王的长眠之地。

米夏埃尔教堂

奥德翁广场

奥德翁广场是1806年成立的巴伐利亚王国扩建都城工程的组成部分。广场上耸立着国王路德维希一世的骑马雕像，周围分布着统帅堂、特亚蒂纳教士教堂以及王宫花园等著名景点。

宫廷啤酒酿造馆

宫廷啤酒酿造馆由巴伐利亚公爵威廉五世所创立，当时专门酿造御用啤酒，并享有酿造黑啤酒的特权，现为市中心地区最有名也最受欢迎的啤酒馆之一。在这里用餐是一件非常享受

宫廷啤酒酿造馆

的事情，不仅可以喝到刚从桶里压出来的啤酒，品尝到美味的巴伐利亚烤猪肘或烤乳猪，还能欣赏乐队伴奏和民族歌舞表演。

德意志博物馆

德意志博物馆位于慕尼黑东南部伊萨河岛上，始建于1903年，1925年开放，是世界上最大的科普博物馆。它通过几万件模型、实物和图片深入浅出地阐述了众多自然科学和技术领域的奥秘。展品从原始到现代的发展过程都有介绍，其中部分展品通过捐赠而得。这里不仅有世界上第一部电话机，还有戴姆勒的第一辆汽车。如果对科技感兴趣，不妨到此一游。

贴士

沿着德意志博物馆开放的展厅走一圈，据说大约要走16千米的路程，因此大部分人都会有选择地参观其中的博物馆。这里最大的一个特点是允许参观者动手操作，从而获得丰富的科普知识。

德意志博物馆

国王广场

国王广场

　　国王广场始修于1812年，为希腊古典主义式广场。广场周围还有以雅典卫城为蓝本修建的城门、古典主义的古代雕塑展览馆和国立古典艺术品收藏馆等宏伟建筑。慕尼黑工业大学以及古典绘画陈列馆和现代绘画陈列馆亦在近旁。

古典绘画和现代绘画陈列馆

　　古典绘画陈列馆收藏有数千幅中世纪到18世纪初的绘画作品。展出的作品中，既有丢勒、荷尔拜因、格吕奈瓦尔德和克拉纳赫等德国画家的作品，又有荷兰画家伦勃朗、意大利画家达·芬奇以及法国和西班牙画家的绘画作品。

　　现代绘画陈列馆主要收藏并展出18世纪和19世纪德国和欧洲画

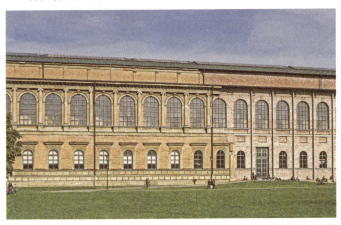

古典绘画陈列馆

173

家的作品。最初馆藏以慕尼黑画派和德国浪漫派为主，后来增添了法国印象派。藏品十分丰富，包含西班牙画家戈雅的大作，以及德国古典主义派、毕德麦耶派、印象派和英国绘画作品。

宁芬堡

芬堡宫

宁芬堡宫

宁芬堡宫面积很大，是德国最大的巴洛克式宫廷花园之一。曾为巴伐利亚王侯们消夏的离宫，现在是游客喜欢光顾的地方，也是当地居民漫步休闲的场所。它是在17世纪的别墅基础上通过逐渐增添两翼而修成的庞大建筑群，主楼雄伟壮观，展开的两翼和谐对称。建筑群有一个水池，喷泉轻洒，天鹅野鸭悠闲游荡，构成一幅宁静典雅的风景图。

奥林匹克公园

奥林匹克公园

奥林匹克公园曾作为1972年第20届夏季奥运会的举办场地，现在是慕尼黑市民最常去的运动休闲地之一。整个公园由一组特大型体育建筑群组成，其中帐篷状屋顶的渔网式中心体育场和奥林匹克电视塔现已成为慕尼黑的地标建筑。中心体育场不仅举办体育赛事，还经常有露天的文艺演出举办。著名的滚石乐队和邦·乔维等都曾在这里举办过音乐会。

贴士

奥林匹克电视塔中间有观赏平台和旋转餐厅，乘电梯到塔顶，在上面可以鸟瞰慕尼黑全城。天气晴朗时，还可望到阿尔卑斯山峰的秀丽景色。

安联竞技场

安联体育场

安联体育场是欧洲最现代化的球场之一，整个球场由半透明的塑料包裹，从远处看，就像是躺在地上的轮胎。比赛时依参赛主队呈现不同颜色，墙的颜色就可以随之改变，奇妙之处超乎想象。球场内部为球迷提供了各种休闲娱乐设施，餐饮服务、托儿所、名人堂、球迷商店等设施一应俱全。体育场平时也可用来举行各种会议或大型活动。

宝马博物馆

宝马博物馆在宝马"四汽缸"总部大厦旁，形如大碗，这里是汽车爱好者的天堂。馆内展厅为环绕式，按照不同时期及汽车类型，展示了历年所产的各种宝马汽车、宝马摩托车、宝马概

贴士

在这里参观，人们可以观赏到宝马摩托车表演。经过专门训练的职工驾驶着摩托车从楼梯底层高速上行，再从楼上缓慢下驶，其场面惊心动魄。

念车及一些特殊用途的车辆样品。通过采用现代声、光、电、多媒体等高科技手段及图片音像资料，可以让游客更加全面深刻地认识到宝马汽车公司的成长与发展史。

宝马博物馆

英国花园

英国公园

英国公园地处伊萨尔河畔，是慕尼黑最大的公园，也是欧洲大陆最早的风景花园之一。这里原为维特尔斯巴赫家族的狩猎林地，后效仿英国，建成突出自然美的英式公园。园内草地开阔，林荫密布，小径蜿蜒，是当地人最喜爱的休憩场所之一。在这里散步、晒日光浴、划船甚至是品尝美酒佳肴，都是无比享受的事情。

2. 罗滕堡

罗滕堡位于拜恩州（巴伐利亚州）境内，是德国著名的浪漫之路上的一颗明珠，也是德国保存最完好的中世纪古城。这里随处可见城墙、塔楼、哥特式和文艺复兴式的房屋建筑以及浪漫的街景，让人仿佛来到了一个中世纪的建筑艺术博物馆。

旅游资讯 地图导览

钟塔

罗滕堡市政厅

罗滕堡市政厅主要由两座风格迥异的建筑物组成，它们分别建于13世纪和16世纪。建筑为哥特式风格，在它的屋脊上有一座高约60米的钟楼，是全城最高的塔楼。到这里参观，可以沿着旋梯登上钟楼平台，将古城的美丽景色尽收眼底。

罗滕堡市政厅

德国圣诞博物馆

德国圣诞博物馆位于德国有名的圣诞装饰品商店内，在这里可以看到琳琅满目的装饰品以及几万种德国特色圣诞装饰品和礼品，每天都充满快乐的节日气氛。从博物馆内展出的圣诞树、装饰品，可以领略到德国人过节时的家庭盛况。进入商店不需门票，但博物馆需要购票。

城墙

罗滕堡全城被中世纪式的城墙环抱，城墙建于13—14世纪，至今仍保存完好，游人可以在开放部分的木质廊桥下漫步。城墙间还有各个城门和塔楼。

中世纪刑事博物馆

中世纪刑事博物馆曾是罗滕堡很受欢迎的中世纪刑具博物馆，现为德国乃至欧洲最大的中世纪法律、刑讯博物馆。在这里可以看到大量法律文书、审判档案、刑具实物和图片等，展品的时间跨度有七个世纪之久。

普伦莱因广场

普伦莱因广场在老城的南端，这里的建筑和街头景象构成了一幅美丽的图画，是罗滕堡城的标志性景观之一。石板路被一分为二，两边是美丽的传统木框架房子，再加上一座小小的喷泉，特色的街景吸引了众多旅游者驻足拍照。

普伦莱因广场

德国北部旅游热点

汉堡
　　阿尔斯特湖、汉堡市政厅、仓库城、智利大厦、易北河旧隧道、圣米歇尔教堂

吕贝克
　　霍尔斯滕门、吕贝克市政厅、圣玛利亚教堂、布登勃洛克之家

不来梅
　　集市广场、市政厅、罗兰骑士雕像、圣彼得大教堂、伯切尔街、施诺尔小区

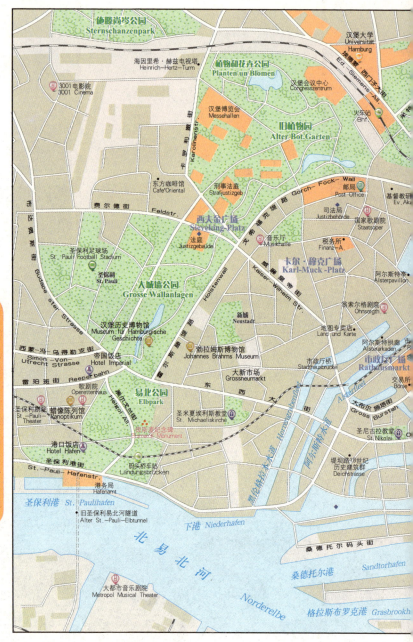

施隙尚岑公园
Sternschanzenpark

海因里希·赫兹电视塔
Heinrich-Hertz-Turm

植物和花卉公园
Planten un Blomen

汉堡大学
Universität
Hamburg

换德索·西门子大街
Ed.-Siemens-All

3001电影院
3001 Cinema

汉堡会议中心
Congresszentrum

汉堡博览会
Messehallen

火车站
Bhf.

卡罗利嫩街
Karolinenstr.

旧植物园
Alter Bot.Garten

东方咖啡馆
Café'Oriental

刑事法庭
Strafjustizgeb

费尔德街
Feldstr.

Gorch-Fock-Wall

邮局
Post Office

基督教研
Ev. Aka

西大金广场
Sieveking-Platz

司法局
Justizbehörde

国家歌剧院
Staatsoper

圣保利足球场
St. Pauli Football Stadium

音乐厅
Musikhalle

法庭
Justizgebäude

税务所
Finanz-A.

阿尔斯特厅
Alsterpavillon

圣保利
St. Pauli

卡尔·穆克广场
Karl-Muck-Platz

大城壕公园
Grosse Wallanlagen

布许德斯特街 Budapester Strasse

Holstenwall

凯撒·威廉街 Kaiser-Wilhelm Str.

新城
Neustadt

宾索尔格剧院
Ohnsorgth.

阿尔斯特拱廊
Alsterarkaden

地图专卖店
Land und Karte

汉堡历史博物馆
Museum für Hamburgische
Geschichte

西蒙-冯-乌得勒支街
Simon-Von-
Utrecht-Strasse

帝国饭店
Hotel Imperial

雷珀班街 Reeperbahn

勃拉姆斯博物馆
Johannes Brahms Museum

路德斯桥通路

市政厅桥
Stadthausbrücke

市政厅广场
Rathausmarkt

歌剧院
Operettenhaus

大新市场
Grossneumarkt

东 西

大

交易所
Börse

圣保利剧院
St.-Pauli-
Theater

蜡像陈列馆
Panoptikum

Helgol Alt

易北公园
Elbpark

圣米夏埃利斯教堂
St. Michaeliskirche

Herrengrabenfleet

Alsterfleet

大市尔·堡塔街
Gross Burstah

布尔麦克纪念碑
Brahms Monument

黑尔伦格拉本大水道

阿尔斯特水道

圣尼古拉教堂
St. Nikolai

港口饭店
Hotel Hafen

堤坝路18世纪
历史建筑群
Deichstrasse

圣保利港街
St.-Pauli-Hafenstr.

码头桥车站
Landungsbrücken

港务局
Hafenamt

圣保利港 St. Paulihafen

旧圣保利易北河隧道
Alter St.-Pauli-Elbtunnel

下港 Niederhafen

北 易 北 河

桑德托尔码头街
Sandtorhafen

桑德托尔港

大都市音乐剧院
Metropol Musical Theater

Norderelbe

格拉斯布罗克港 Grasbrookh

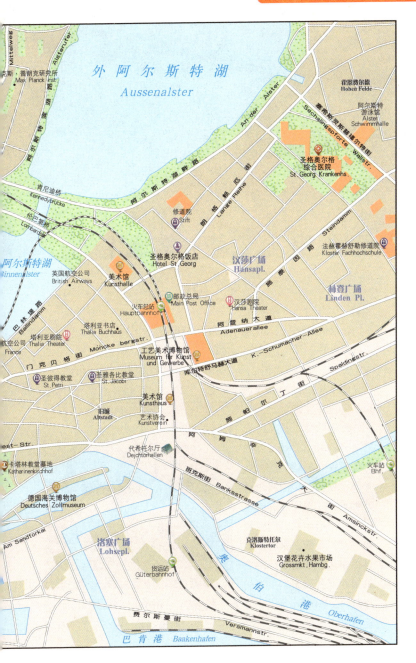

汉堡 Hamburg

外 阿 尔 斯 特 湖
Aussenalster

霍恩费尔德
Hohen Felde

阿尔斯特游泳馆
Alster Schwimmhalle

塞希斯灵基珀尔格街
Sechslingspforte

瓦尔斯街
Wallstr.

圣格奥尔格综合医院
St. Georg Krankenhs.

马克斯·普朗克研究所
Max Planck Inst.

肯尼迪桥
Kennedybrücke

伦巴第桥
Lombardsbr.

阿尔斯特湖畔路
An der Alster

朗格赖厄街
Lange Reihe

修道院
Stift

施泰因因路
Steindamm

法赫霍赫舒勒修道院
Kloster Fachhochschule

阿尔斯特湖
Binnenalster

英国航空公司
British Airways

圣格奥尔格饭店
Hotel St. Georg

美术馆
Kunsthalle

汉莎广场
Hansapl.

林登广场
Linden Pl.

巴林达姆路
Balindamm

邮政总局
Main Post Office

汉莎剧院
Hansa Theater

火车总站
Hauptbahnhof

阿登纳大道
Adenauerallee

K.-Schumacher-Allee

斯帕尔丁街
Spaldingstr.

塔利亚书店
Thalia Buchhaus

门克贝尔格街
Mönckebergstr.

塔利亚剧院
Thalia Theater

航空公司
France

工艺美术博物馆
Museum für Kunst und Gewerbe

库尔特舒赫马赫大道

圣彼得教堂
St. Petri

圣雅各比教堂
St. Jacobi

美术馆
Kunsthaus

伯城
Altstadt

艺术协会
Kunstverein

阿姆辛克街
Amsinckstr.

West-Str.

代希托尔厅
Deichtorhallen

阿姆辛克街

火车站
Bhf.

卡塔林教堂墓地
Katharinenkirchhof

班克斯街
Banksstrasse

德国海关博物馆
Deutsches Zollmuseum

Am Sandtorkai

洛塞广场
Lohsepl.

克洛斯特托尔
Klostertor

汉堡花卉水果市场
Grossmkt. Hambg.

货运站
Güterbahnhof

奥伯港
Oberhafen

费尔斯曼街
Versmannstr.

巴肯港 Baakenhafen

183

汉堡市政厅和城市全景

1. 汉堡

汉堡是座舒适的海滨城市，阿尔斯特河从这里静静流过，这里拥有世界级的音乐厅、奢华舒适的剧院、大量历史古迹以及丰富多彩的娱乐生活。在红墙尖顶之间，空气中似乎还弥漫着中古时期的气味，为汉堡增添了一份人文风韵。

阿尔斯特湖

阿尔斯特河是汉堡市内著名的湖泊，被尼巴特大桥和肯尼迪大桥分为内、外阿尔斯特湖。内阿尔斯特湖如同一颗明珠镶嵌在市区的中心区域，湖面彩帆点点，天鹅、水鸭来回自由穿梭。环湖绿地构成的阿尔斯特公园，是人们

阿尔斯特湖

理想的休憩场所。河岸林立着众多高档饭店和商店。在这里可以一边沐浴阳光，一边细细品味醇香的奶茶，听着远处不时传来的手风琴声，让人无比陶醉。

汉堡市政厅

汉堡市政厅最早建于
12世纪，曾遭到损毁并重
建。现在的市政厅建于19
世纪末，为新文艺复兴风
格。市政厅内有大小不等
的厅室，风格各异，一百
多年来一直都是汉堡市议
会和市政府的所在地。市
政厅前的广场绿树成荫，

汉堡市政厅

矗立着诗人海涅的雕像。市政厅背后是德国最古老的证券交易所。

贴士

市政厅常常举办一些庄严隆重的活动。这里有一条不成条文的
规矩，那就是汉堡市长送客不允许下楼梯，据说这是历史上为显示
自由市的独立和尊严而定下的。

仓库城

仓库城是典型的北德建筑，一向被视为是汉堡和德意志帝国统
一的标志。这里曾是自由贸易区，新哥特式红砖货栈楼一侧面水，
一侧临街，便于仓储和转运。在厚实的墙壁内储存着咖啡、茶和可
可等来自世界各地的"珍宝"。现在，这里的仓库城博物馆、海关博
物馆、香料博物馆及其他博物馆，在默默地向人们诉说着仓库城的
传统和现代。

仓库城

智利大厦

智利大厦，位于汉堡商业区，建于1924年，是汉堡最有名的建筑之一。整体建筑造型奇特，采用递进式结构，参差交错的阳台仿佛船上的甲板，再加上独特的曲线形墙，从正面看这座大厦就如同一艘乘风破浪向前行驶的大船。大厦大部分区域用于办公，还有部分用于零售贸易和仓储等。

易北河旧隧道

易北河旧隧道建于1911年，供行人、汽车使用。从圣保利的码头栈桥旁进入一座铜制圆形穹顶的建筑中，那里用大电梯把游客或车辆送入易北河下20米左右的隧道中。隧道的墙面上贴满了瓷砖，里面常

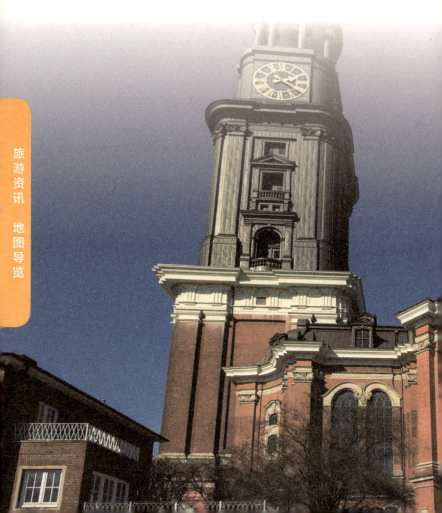

会举办一些艺术展览。可从隧道散步到南岸，出来后在岸上眺望圣·米歇尔教堂和"瑞克莫·瑞克莫斯号"帆船，别有一番情趣。此外，还能将易北河全景尽收眼底。

圣米歇尔教堂

圣米歇尔教堂为巴洛克式风格建筑，是汉堡的标志性建筑之一。教堂曾多次被毁，现在看到的是建于18世纪中期的第三座教堂。教堂内部的装饰精美绝伦，可以登上教堂顶部，站在上面饱览市中心及易北河风光。

圣米歇尔教堂

2. 吕贝克

吕贝克是一座中世纪古城，是汉萨同盟的中心，素有"汉萨女王"的美誉。老城四周被绿水环绕，景色宜人。城中分布着众多红瓦住宅，建筑融合了古典式、哥特式、巴洛克式、洛可可式等风格，美不胜收。古城内的名胜古迹非常集中，到处都有动人的美景。

霍尔斯滕门

霍尔斯滕门是进出老城区的关口，也是吕贝克地标性建筑之一。它建成于1478年，由两个红砖双尖顶塔楼组成，是德国保存最完好和最重要的中世纪后期哥特式城门之一。从前它既是城防工事，又是"汉萨女王"经济实力和自信心的象征。如今，这扇城门已经成了历史博物馆，不仅展示着城市及航海的历史，同时还对商人在当地经济、文化、建筑及社会等方面所发挥的作用作了概览。

贴士

霍尔斯滕门的门洞上刻着"CONCORDIA DOMI FORIS PAX"字样的拉丁铭文，译成中文就是"内有和谐、外有和平"，表达了人们追求的理想境界。

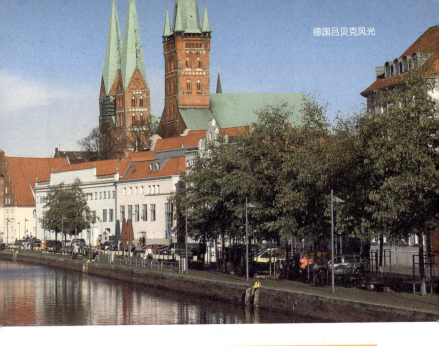

德国吕贝克风光

吕贝克市政厅

　　吕贝克市政厅建于1230—1571年，由砖砌而成，是老城区中一个重要的景点。它由三个建筑群组合而成，建筑融合了罗马式、哥特式和文艺复兴式等风格。吕贝克市政厅作为德国最美和最古老的市政厅之一，曾是许多城市市政厅效仿的样板。在其前厅内悬挂着描绘建城初期情景的绘画，多个装饰考究的厅堂中尤以洛可可式风格的迎宾大厅最为富丽堂皇。如今市议会和市长仍在这座古建筑里议事和办公。

圣玛利亚教堂

圣玛利亚教堂

　　圣玛利亚教堂始建于1250年，按哥特式风格用红砖砌成。红砖教堂在当时是汉萨同盟都城强大和富足的象征。教堂最著名的是它破损不堪的钟鼓，是"二战"期间遭到重创后留下来的遗迹，现在是象征着和平的纪念物。教堂内保存着众多文物，其中青铜洗礼盆、圣母塑像、青铜神龛和圣母祭坛等中世纪的文物，让人印象深刻。

布登勃洛克之家在圣玛利亚教堂北边，是一座小楼，小楼因托马斯·曼的著名小说《布登勃洛克一家》而闻名世界。这栋建筑物原是曼氏家族的住宅，是托马斯·曼及其兄长海因利希·曼的纪念与研究场所，也是小说故事的发生地。屋内两个陈列室分别介绍了两位作家的家族史和《布登勃洛克一家》这部小说。

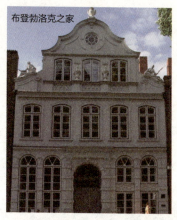
布登勃洛克之家

3. 不来梅

不来梅市是德国的联邦州"自由汉萨市不来梅"的首府和最大城市，这里有许多著名的城市建筑及雕塑。漫步于城中，你可以欣赏到具有1200多年历史仍充满活力的集市广场、著名的伯切尔街，以及宁静安逸的施诺尔小区。走近它，它的多样性一定能给你带来不少惊喜。

集市广场

集市广场是不来梅市最热闹、景点最集中的广场。广场周围分布着古老的市政厅、现代感十足的施廷工商会所、巍峨的圣彼得大教堂和罗兰骑士雕像等景点，让人印象深刻。

市政厅

华丽的市政厅为哥特式建筑，建于15世纪初，17世纪初又增添了文艺复兴式的正面装饰。

一层和二层分别有两个大厅，内部装修为两种风格的组合。二层有全国最气派的宴会厅，用于欢宴、接见、议事和审判等。在市政厅的地下室酒馆里，人们可以品尝到600多种葡萄酒。

罗兰骑士雕像

罗兰骑士雕像位于市政厅前面，高约十米，手持利剑。它始建于1404年，象征着不来梅市民捍卫城市自由和市场自由的权利，是不来梅市的象征。

圣彼得大教堂

圣彼得大教堂建于11—13世纪，有两个高高的尖塔。这个罗马式教堂建筑在漫长的中世纪里几经改动、扩建，添加了一些哥特式和巴洛克式风格的成分。教堂内部的巴洛克式布道坛、管风琴楼厢上的浮

集市广场

施诺尔小区

雕和青铜洗礼盆等都非常值得参观。此外，在地下室还有八具保存完好的木乃伊。

伯切尔街

伯切尔街是一条由集市广场通往威悉河畔的小街，街口上方高悬着一幅镏金浮雕"光明天使"。走入小街，你会发现看起来富丽堂皇的小路上，还有镶嵌着彩色玻璃的螺旋楼梯。游客和行人熙熙攘攘，画廊、博物馆、商店和餐馆鳞次栉比。每逢中午十二点、下午一点和六点，人们可以欣赏到钟楼的乐声和陶瓷小人的表演。

施诺尔小区

施诺尔小区位于集市广场南面不远处，修建于15—19世纪，是不来梅最古老的小区。这里原是低矮、拥挤的渔民和工匠的居住区，后投入巨资进行保护性改造后，变成了风格古朴的商业区，同时也成为工艺品店、画廊、时装店、博物馆、餐馆、咖啡屋以及酒馆的集中区。该小区中心有一座14世纪的哥特式约翰尼斯教堂，以及一个玩具博物馆，主要用于展示私人收藏品。

圣彼得大教堂

德国中部旅游热点

魏玛

魏玛歌德故居、歌德花园别墅、席勒故居、德意志歌剧院、魏玛宫、安娜·安玛利娅女公爵图书馆、布痕瓦尔德纪念馆

爱尔福特

奥古斯丁隐士修道院、大教堂广场、塞维利教堂和玛丽大教堂

耶拿

耶拿大学、耶恩塔、圣米夏埃尔城市教堂、耶拿市政厅、卡尔蔡斯天文馆

爱森纳赫

巴赫故居、路德故居、瓦尔特城堡、雷恩施泰克登山道

魏玛市政厅

1. 魏玛

　　魏玛坐落在图林根州伊尔姆河畔，是一个美丽而恬静的花园城市，它曾以德国古典文学艺术中心而闻名于世，也因为是德国历史上第一个共和国的诞生地而名留史册。歌德、席勒等都曾在此生活和创作，为这座千年古城赢得了"文学巨匠之城"和"世界精神之都"的美誉。这里的建筑之家"包豪斯学校"和古典文学时期的设施均被列入世界文化遗产名录。

　　魏玛还是欧洲著名的"银杏之乡"，而这与诗人歌德有着密切的关系。歌德特别喜欢银杏，因而银杏树亦叫"歌德树"。在魏玛的普希金大街上就有一棵当地最古老的"歌德树"，树旁的金属牌上写着："此树1813年来自中国，系受保护文物。"

　　魏玛作为定居点始于旧石器时代，公元975年魏玛伯爵修建了城堡。1250年前后发展成为城市。16世纪中叶成为萨克森·魏玛公国首府。18世纪中叶至19世纪初经历了最辉煌时期，女公爵安娜·安玛利娅及其儿子卡尔·奥古斯特公爵先后聘请维兰德和歌德来魏玛任职，奠定了魏玛古典文化中心的基础。德国启蒙运动理论家赫尔德尔曾在这里生活，推动了德国狂飙突进的文学运动，歌德的《少年维特之烦恼》即是这一文学运动的代表作之一。随着诗人兼剧作家席勒的到来并与歌德结下伟大友谊，不仅他们的创作迎来了新的高峰期，而且为魏玛这座城市增添了灿烂的光辉。

19世纪，作曲家李斯特、里夏德·施特劳斯和哲学家尼采来到魏玛，使这座古典文化中心再度辉煌起来。1872年成立的音乐学校后来逐渐发展成魏玛李斯特音乐学院。1919年成立的"包豪斯学校"的变革艺术和建筑设计教育发展成为一个新的建筑流派。1919年德国第一届国民议会在这里召开并制定了第一部共和国宪法，成立了德国历史上第一个共和国。虽然魏玛共和国所开创的民主传统随着1933年希特勒上台而被扼杀，但其历史意义仍不容忽视。

魏玛歌德故居

魏玛歌德故居是一座巴洛克式风格的小楼，是奥古斯特公爵赠送给歌德的居所。歌德曾在这里从事创作，他的代表作《浮士德》就诞生于此。故居的楼梯宽阔平坦，上楼梯时不感到吃力。餐厅墙壁呈金黄色，书房为朴素的蓝色，书房里还有许多矿石，说明歌德也是地质研究的爱好者。歌德曾在此居住几十年，丰富的展品较为全面地反映了歌德生活与创作的全貌。

魏玛歌德故居

歌德花园别墅

歌德花园别墅位于伊尔姆河左岸，是歌德到达魏玛后的第一处居所，迁居后此地成为避暑胜地。这座花园别墅也是奥古斯特公爵送给他的礼物。美丽的自然风光激发了歌德的创作激情，他在这里完成了剧本《伊菲格尼在陶里斯》和《埃格蒙特》。在这座花园别墅里，有一张比普通座椅高的木马式座椅，歌德曾骑在上面写作。

歌德花园别墅

席勒故居

席勒故居

    席勒故居是一座三层小楼，在1802年被席勒买下，《威廉·退尔》和《墨西拿的新娘》等著作就诞生于此。故居再现了席勒生前的家居状况，内部被复制成席勒时期的样式，部分装饰品也用了原始的物件。席勒的书房、工作室和席勒用过的家具都在第三层阁楼上；第二层是卧室；第一层是厨房、仆人房，同时还有用来展示这座房子以及席勒在魏玛社会地位历史的展室。

德意志歌剧院

德意志歌剧院是一座古典主义建筑，其前身是魏玛宫廷剧院，歌德曾任院长。歌德的《浮士德》和席勒的《威廉·退尔》曾在此首演。歌剧院前面的广场上，并列着歌德和席勒的巨大铜像，这是两人密切合作的见证和象征。

德意志歌剧院

魏玛宫

魏玛宫亦称市宫，是在中世纪城堡基础上建立起来的宫殿，曾作为第一届共和国政府的办公楼，后成为博物馆。宫内主要展出昔日贵族的奢华厅堂和中世纪到20世纪初的艺术收藏品，以克拉纳赫父子、丢勒等德国画家及荷兰画家的作品为重点。

魏玛宫

安娜·安玛利娅女公爵图书馆

安娜·安玛利娅女公爵图书馆是德国最值得观看的图书馆之一，由女公爵安娜·安玛利娅利用一座16世纪的宫殿建成。馆内装饰华丽，以收藏德国文学著作著称，其藏书十分丰富。除了大量珍本外，席勒的死亡面具也是该图书馆最特别的藏品之一。

布痕瓦尔德纪念馆

布痕瓦尔德纪念馆位于魏玛市西北约十千米的埃特斯山上，曾为纳粹德国最大和最早的集中营之一，现在已成为一座纪念馆。纳粹党徒曾在这里残酷屠杀了数万名反法西斯战士。1954年民主德国把这个集中营辟为纪念馆，既是为了凭吊死难者，更是为了教育后人。

2．爱尔福特

爱尔福特位于风景优美的格拉河谷地，是德国著名古城市之一。历史上该城市是纵横东西南北的交通要道和商贸重镇，15世纪加入汉萨同盟。种植和销售染料植物是该城直至17世纪繁荣昌盛的重要财源。

爱尔福特拥有皇帝的行宫，曾数度成为帝国议会开会之地。1392年成立的爱尔福特大学使它逐渐变成人文主义之乡。17—18世纪，园艺业的发展使它的经济实力进一步增强并获得了"鲜花之都"的美名。这里的古老仙人掌苗圃曾吸引八方宾客前来观赏。德国统一之后成为新成立的图林根州的首府和联邦劳动法院的所在地。

爱尔福特的声望因诸多历史名人的光临而大增。宗教改革家马丁·路德曾在此地读书和居留。古典音乐大师巴赫、大文豪歌德和席勒、著名学者洪堡，以及法国皇帝拿破仑和俄国沙皇亚历山大一世，均曾造访过该市。

这座城市的景点优势在于众多的古老建筑，包括：奥古斯丁隐士修道院、大教堂广场、塞维利教堂和玛丽大教堂、罗兰纪念碑、横跨

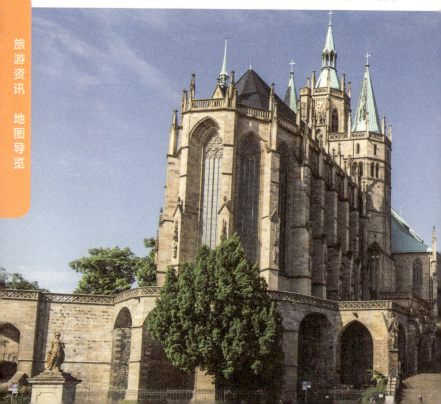

格拉河的商贩桥、爱尔福特皇帝大厅、美因茨选帝侯总督府、奥古斯丁教团修道院等。所有这些古老的建筑，都蕴含着一个个耐人寻味的历史故事。

奥古斯丁隐士修道院

奥古斯丁隐士修道院是爱尔福特现存修道院中最大的一座。修道院的图书馆藏书丰富，是德国最重要的教堂图书藏馆之一。跟着向导还可以参观与马丁·路德有关的展览以及他居住过的房间。

大教堂广场

大教堂广场是爱尔福特城中最大的广场，又被当地人称为"等级市场"。广场每年都会有各种活动举行，此外这里还延续着举办集市的传统。

塞维利教堂和玛丽大教堂

塞维利教堂和玛丽大教堂共同构成的宏伟建筑群在欧洲独一无二，是德国哥特式建筑中的杰出之作，两座教堂一起成为了爱尔福特的标志。其中塞维利教堂是一座哥特式的教堂，里面存放有塞维鲁圣人大主教的石棺。

玛丽大教堂

3．耶拿

耶拿与爱尔福特市相距约46千米，坐落在萨勒河畔，以大学城和蔡司城著称。该市的居民基本上由两部分人组成，即耶拿大学的教职员工和学生以及原蔡司公司的职工。蔡司厂在"二战"后初期被首先进入的美军抢走了最好的设备和重要资料，之后苏军进入后又拆走了较好的设备和资料，德国工人就是靠着工艺经验、残存的设备和资料重建了该厂。德国分裂时期，蔡司公司也一分为二，在西德的巴符州和东德的耶拿均设有公司，并且曾为争夺蔡司这个品牌打过官司。德国统一后，西德巴符州前州长洛塔·施佩特对该公司进行了改造，使其成为生产高精尖产品的光学仪器厂，称为耶恩光学仪器公司。耶拿作为文化城市得益于众多的诗人和思想家在那里留下的印迹。马丁·路德在此发起了宗教改革运动。席勒、黑格尔等著名文人、学者、教授和科学家在此执教。歌德曾为大学的发展作出过巨大贡献。1841年马克思在耶拿大学获博士学位。费尔巴哈、黑格尔、洪堡兄弟等曾在这里活动。歌德和席勒在这里结为"诗友"。1806年10月14日，拿破仑一世率法国军队在耶拿战役中重挫普鲁士军队。

耶拿大学

耶拿大学是德国最古老的大学之一，这里有美丽的欧式建筑、朝气蓬勃的大学生、传统的哲学氛围，处处弥漫着强烈的文化气息。学校的古典和现代化建筑分布在城市的各处，为耶拿增添了不少魅力。

耶拿大学

耶拿风光

耶恩塔

　　耶恩塔也被人们亲切地称为"饼干卷"，是耶拿的标志性建筑之一。这座塔曾被用做多种用途，它的底层有一个购物中心。

耶恩塔

圣米夏埃尔城市教堂是一座哥特式教堂，从它祭坛下的通道可以通往从前的西妥修道院，是耶拿的七大奇观之一。著名的宗教改革者马丁·路德曾在这里的石制布道坛上布道。

圣米夏埃尔城市教堂

耶拿市政厅

耶拿厅是德国最古老的市政厅之一，巴洛克式的桁架塔楼十分引人注目。在塔楼艺术钟里立着一个彩绘的橡木人，每到整点它就会去啄它面前的一个球，常有游客驻足观赏。

卡尔蔡斯天文馆

卡尔蔡斯天文馆是世界上最古老的天文馆之一，在这里通过各种各样的科学活动和讲座，可以领略到银河、恒星和行星的奇妙。

耶拿市政厅

旅游资讯 地图导览

4. 爱森纳赫

爱森纳赫坐落在爱尔福特西面约54千米,它是古典音乐大师巴赫的诞生地,也因列入了世界遗产名录的瓦德堡而著称。爱森纳赫还是德国社会民主党的诞生地。这里也有许多景点,包括瓦尔特城堡、巴赫故居和路德故居等,但最出名的还数瓦德堡和学生社团纪念碑。

瓦德堡主要有三个看点:一是16世纪宗教改革家马丁·路德因批判教皇利奥十世发售"赎罪券",被教皇逐出教门,但受到萨克森选帝侯庇护,被护送至瓦德堡隐居,后因在这里把"圣经"翻译成标准德语而出名。路德批判"赎罪券"的95条论纲曾引发了德国著名的农民战争,而路德把"圣经"译成标准德语对统一德意志语言和德意志统一民族的形成具有巨大意义。二是瓦德堡曾是1848年前后德国学生运动和学生社团的发源地。三是瓦德堡在中世纪曾是恋情歌咏比赛的赛场,这个赛场大厅至今保存完好,供游人参观。

巴赫故居

巴赫故居是著名作曲家巴赫的诞生地,故居内陈列着一些与巴赫有关的物件。此外,这里还有巴赫音乐会供游客欣赏。

德国图林根州爱森纳赫风光

路德故居

路德故居曾是马丁·路德的居住地，到此参观，可以通过多媒体的方式了解到马丁·路德一生中的各个重要阶段。

瓦尔特城堡

瓦尔特城堡是一座保存完好的中世纪城堡，内部设有多个房间、罗马大厅、博物馆以及马丁·路德曾用过的书房。城堡内收藏有整个德国的重要基督教作品，以及克拉纳赫创作的马丁·路德像。

雷恩施泰克登山道

雷恩施泰克登山道是德国最有人气的长途步行道之一，沿着登山道步行，仿佛在梦幻般的山谷行进，古朴的山村、中世纪的城堡交替出现，让人惊喜连连。

瓦尔特城堡

旅游须知

1. 意外应急须知

（1）东西遗失

护照遗失

在德国，如果护照遗失了，应立即就近报警。警察会将丢失的证件号码记录下来，然后给你一张报案号码的小卡片，以表示你的护照遗失。你可以凭警方出具的护照报失单和登报启事影印件向中国驻德国大使馆或总领事馆申请补发护照或旅行证。在补发护照时，须提交我国驻德国使领馆签发的《中华人民共和国旅行证》、户口簿、身份证原件和相应复印件，在办理证件所在的公安局出入境管理处与遗失地我国驻外使领馆核实后补发。

行李遗失

在旅行中，如果是在饭店、汽车、火车上行李被偷或丢失，饭店或铁路会给你开具一张丢失证明。不过这些情况下丢失的物品一般都很难找回来，也不会有赔偿。如果在乘飞机时行李遗失，需要在机场填写一份行李遗失表。托运时，建议标明行李的具体价格，以便能够得到理想的赔偿。在旅行过程中，贵重物品与重要文件建议随身携带，以免出现遗失的现象。

信用卡遗失

信用卡遗失要立即打电话至发卡银行的24小时服务中心，办理挂失与停用，也可以与当地信用卡公司的办事处或合作银行取得联系。

联系方式可以从电话本上查询或者向酒店的人员咨询。

（2）生病

在出发前可以准备一些必备的常见药品。如果只是感冒等问题，可以按照说明书吃药。如果有慢性病，出发前要准备好药，并记得携带英文诊断书，如果发生意外，当地的医生就可据此尽快作出判断。如果在旅馆感觉身体不适，可以向旅馆的工作人员求助，尽量安排医生或者到就近的医院就医。如果在旅行的路途中感到不舒服，应让身边的人叫救护车或者前往就近的医院就医。

（3）迷路

在德国，一幅详细的城区地图是必不可少的，尽量选择那些标出路线是双行道和单行道的地图。一幅简单的地图，可以让我们在旅途中避免很多麻烦。如果迷路了，可以向警察求助，或询问路旁的商家。

（4）遇到小偷

如果遇到了小偷，一定要马上向当地警察报案。如果在街上发生抢劫事件应学会自我保护。如果在住处遗失物品，就要通知酒店人员，如果酒店不能妥善解决，就要找警察来处理。如果丢失了贵重物品，还要申请被盗证明书，以便以后向保险公司申请索赔。

2. 大使馆联络方式

(1) 中国驻德国大使馆

地址：Märkisches Ufer 54, 10179 Berlin

总机：030－27588－0

网址：www.china-botschaft.de

(2) 德国驻华大使馆

地址：北京市朝阳区东直门外大街17号

电话：010－85329000

网址：www.Beijing.diplo.de

图书在版编目（CIP）数据

德国／《中国公民出游宝典》编委会编著. —北京：
测绘出版社，2014.5
（中国公民出游宝典）
ISBN 978–7–5030–3380–3

Ⅰ.①德… Ⅱ.①中… Ⅲ.①旅游指南 – 德国
Ⅳ.①K951.69

中国版本图书馆CIP数据核字（2014）第034669号

人文地理作者：卢永华

策　　划：	赵　强		
责任编辑：	赵　强		
执行编辑：	王　娜		
地图编辑：	黄　波		
责任印制：	陈　超		
出版发行	测绘出版社	电　话	010–83543956（发行部）
地　址	北京市西城区三里河路50号		010–68531609（门市部）
邮政编码	100045		010–68531363（编辑部）
电子信箱	smp@sinomaps.com	网　址	www.chinasmp.com
印　刷	北京新华印刷有限公司	经　销	新华书店
成品规格	125mm × 210mm	印　张	7
字　数	157千字	版　次	2014年5月第1版
印　次	2014年5月第1次印刷	定　价	42.00元
书　号	ISBN 978–7–5030–3380–3/K·431		
审图号	GS（2014）151号		

本书如有印装质量问题，请与我社门市部联系调换。